王阳明图传

〔明〕冯梦龙 邹守益 原著

张昭炜 编注

上海古籍出版社

普及类古籍整理图书专项资助项目

一

　　王阳明（1472—1529），名守仁，字伯安，号阳明子，浙江余姚人，明代大儒，以"立德、立功、立言"真三不朽著称。本书是一本独特的王阳明传，将明代冯梦龙的《皇明大儒王阳明先生出身靖乱录》（以下简称《靖乱录》）、邹守益的《王阳明先生图谱》（以下简称《图谱》）合而为一，并加详注而成。冯梦龙文笔超绝，《靖乱录》是推动阳明传奇故事广泛流传的重要媒介。《靖乱录》原文包括正文和眉批，本书予以标点分章分段，并将《图谱》中全部29幅图分别插入正文相应的位置。除此之外，本书还增加了大量注释和三幅王阳明手迹。注释主要分五类：校勘记、生僻词语注释、引文查证、传奇故事增补、征引相关史料及研究成果以考证相关史实或提供其他说法。王阳明的三幅墨宝置于相关的正文之后，并加释读。

阳明学以"致良知"为宗旨,良知是真知,致良知是真行,知行合一,方是真学问。本书生动展现了王阳明波澜壮阔的一生,以及阳明学千锤百炼始成金的历程:少年王阳明以立志成圣贤为人生第一等事,龙场悟道确立学旨,通过知县庐陵、平山贼匪患、靖宁藩叛乱等实践和发展阳明学。事功是良知学的试金石,用兵屡建奇功基于"学问纯笃,养得此心不动";^①涵育内在道德之本与外在事功协同促进,成就一代大儒。

《图谱》的作者是王阳明的弟子邹守益。邹守益(1491—1562),字谦之,号东廓,江西吉安府安福县人。王阳明的主要事功在江西完成,一生精神俱在江右。邹守益是从学王阳明最早者之一,是江右王门领袖;在学问上深得阳明真传,在培养弟子方面亦卓有建树,其子邹善,其孙邹德涵、邹德溥、邹德泳均是阳明后学中重要人物。江右王门能够兴盛不衰,其中邹氏家族起了重要作用。嘉靖丁巳(1557),来自浙中王门的学使王宗沐视学吉安时,与邹守益共倡讲会,并为《图谱》作序。王宗沐认为,孔子的内在精神固然是根本,但其肖像形貌亦可以引发学子信心、坚定其信念,"三千笃信,沦浃肌髓,一旦泰山颓坏,众志茕然,如孺子之丧慈母,无所依归","苟一有所存焉,亦足以收其将散之心,而植其未废之教"。这同样适用于王阳明:

> 阳明王先生天挺间出……功业、理学盖宇宙百世师矣。当时及门之士,相与依据尊信,不啻三千之徒。今没才三十年,学亦稍稍失指趣。高弟安成东廓邹公辈相与绘图勒石,取先生平生经历之所及,与功用之大,谱而载焉。……余少慕先生,十四岁游会稽,而先生已没。两官先生旧游之地,凡事先生者皆问而得概焉,然不若披图而溯之为尤详也。

皜皜者故自髫年以比白首危所作用以其學取方焉忠撓權夔
志堅佛柳崎崎甲兵以及臨民應變染翰吐詞靡不精解融徹而
功業理學盖宇宙百世師矣當時及門之士相與依恃尊信不疑
二千之徒今後繞三十年尔亦稍稍失指趣高睾安方果廓鄒公
革相與繪圖勒石取先生平生經歷之所及與功名之大譜而載
焉嗟夫皜皜之體人人同其先生悟而用之則允後之求先生者
於心足矣而公猶為是非獨乙其師小以著教心所謂係而待其
興焉者也擾其漸則覺其進考其終則見其成而其中之備甞幸
苦難難僅得悟於百死一生之際者學之道乃在于兹而獨載其
事即余少慕洗生十四歲游會稽而先生已後兩官先生籠遊之
地凡事先生者皆問而得縣焉然不若披圖而遍之為尤詳也以
余之尤有待於是則後世可知而鄒公之意遠矣公遺金生應諿
来請余序為道魯子之未盡者以明公旹焉旹
嘉靖丁巳冬十有一月長至
賜進士出身中順大夫江西按察司副使奉
勅再提督學政臨海後學王宗沐書

以余之尤有待于是，则后世可知，而邹公之意远矣。

由序言可知《图谱》之由来，同时也显示出《图谱》中图像的真实性与重要性，是后学追思王阳明的重要依据。王宗沐的盛赞反映出邹守益苦心作《图谱》的深远意义，这当然不限于在王阳明去世三十年后，直至今日，《图谱》仍是研究王阳明图像和事迹的重要文献。本书图谱部分据1941年影印本《王阳明先生图谱》，其后跋云："其《图谱》一册，亦当时弟子所辑述者，先生事略具载于斯。明嘉靖间曾刊而行之。三百年来，遗书零落"，由程守中寻得善本影印而成。

此次整理的《靖乱录》底本为《古本小说丛刊》第四辑（中华书局，1990年）所收之影印本，原书不分章，本书分六章，补加标题：

第一章《早年传奇》：自王阳明之父王华事迹开始，至弘治十八年（1505）王阳明与湛若水定交，包括王阳明的家世、瑞云而生、梦马伏波、铁柱宫遇高道、结庐阳明洞等早年传奇故事。

第二章《龙场悟道》：自正德元年（1506）至正德九年（1514），包括王阳明上疏忤旨、谪戍贵州、龙场悟道、起复庐陵等经历。

第三章《破山中贼》：自正德十年（1515）至正德十三年（1518），叙述扫除南、赣匪患事迹。

第四章《靖宁藩乱》：正德十四年（1519），记载平定宸濠叛乱始末。

第五章《忠泰之变》：自正德十四年八月上疏谏止武宗皇帝亲征，至正德十五年（1520）九月再至南昌。讲述王阳明靖宁藩乱后遭小人诋毁及拈出"良知"的过程。君子以小人为砺石，王阳明拈出"致良知"，阳明学宣告成功。

第六章《此心光明》：自正德十五年于南昌收王艮开始，至王阳明去世。王阳明晚年平广西思、田叛乱，打八寨、断藤峡，易如反掌；弟子盈门，所收王艮日后开创别开生面、盛极一时的泰州学派，邹守益、陈九川、何秦、黄弘纲、聂豹等成为江右王门的中流砥柱，王畿、董沄等奠基浙中王门……此心光明复何言，须至下丹圣果圆。

本书的传奇故事既有政途的艰险坎坷，也有军事的波澜壮阔；既有在百死千难、遭遇迫害时的不屈不挠，也有在靖乱时的当机立断、痛快淋漓。中间如梅花间竹，穿插了许多奇遇异闻。而贯穿所有传奇经历的主线则是阳明先生修身讲学、圆证良知的全过程。只有抓住这条主线，才能了解所有这些百回千折、辉煌功业不过是修行途中的风景、功到自然成的结果。当今社会以科技为第一生产力，在王阳明的世界中，良知是第一生产力。良知如春，事功如花，春到花自开；阳明学如日月，日月行而百化兴。良知不仅是内在的道德源泉，而且能够锻炼强大的内心，激发创造力，展现生命的盎然春意；致良知不仅可以养成圣贤人格，而且能够转化应用到深度思辨的哲学、超越生死的宗教、直透性灵的文学、全心为民的政治、战无不胜的军事、探索钻研的科学等领域，润沃身心，促进个人发展，成就辉煌事业。

二

冯梦龙与阳明后学颇有渊源，冯梦龙酷嗜泰州学派的李贽之学，奉为蓍蔡。李贽批点《忠义水浒传》，其门人携至吴中，冯梦龙与袁宏道门人袁叔度见而爱之，相对再三，精书妙补。[2]阳明后学李贽的童心说、袁宏道的性灵说对冯梦龙的文学创作有重要的影响。

《靖乱录》是冯著《三教偶拈》的一种，据序言："宋之崇儒讲学，远过汉唐，而头巾习气刺于骨髓，国家元气日以耗削。"宋儒严于理气心性之辨，但若雕琢章句、空发议论，不向躬行践履、治国为民处着力，不免有头巾腐儒之讥、空谈误国之嫌。如同打蛇打七寸、杀人向咽喉处着刀一样，阳明学直接面向当下的问题，在为政、军事中致良知。冯梦龙作《靖乱录》的动机正是有鉴于此："偶阅《王文成公年谱》，窃叹谓文事武备，儒家第一流人物。暇日演为小传，使天下之学儒者，知学问必如文成，方为有用。"[3]对比冯梦龙所看到的儒者："堪笑伪儒无用处，一张利口快如风。""今日讲坛如聚讼，惜无新建作明师。"[4]这种讲学像打官司的空谈风气在明末死灰复燃，他由此呼唤像王阳明一样的真儒来主持正学，挽救大厦将倾的明朝。

王阳明十四岁时习学弓马，留心兵法，多读韬钤之书，尝曰："儒者患不知兵。仲尼有文事，必有武备。区区章句之儒，平时叨窃富贵，以词章粉饰太平，临事遇变，束手无策，此通儒之所羞也。"[5]冯梦龙赞誉王阳明："真个是卷舒不违乎时，文武惟其所用，这才是有用的学问，这才是真儒。"[6]像王阳明这样的文武兼备之才，又何尝不是国家危亡时所祈盼的呢？《靖乱录》当作于甲申前一年，当时境况如何呢？

今日流贼之乱，从古未有。然起于何地？纵自何人？炎炎燎原，必有燃始。当事者从不究极于此，其可怪一也。守土之臣，不能战则守，不能守则死。今贼来则逃，贼退复往，甚则仓皇而走，仍然捆载而归。互相弥缝，恬不知耻，其可怪二也。兵部务精，以众相夸。纪律无闻，羁

偶閱王文成公年譜竊嘆謂文事
武備儒家第一流人物暇日演爲
小傳使天下之學儒者知學問必
如文成方爲有用

東吳畸人七樂生撰

縻从事。官兵所至，行居觳觫。民之畏兵，甚于畏贼，其可怪三也。饷不核旧，尚务撮新。奸胥之腹，茹而不吐。贪吏之橐，结而不开。民已透输，官乃全欠，其可怪四也。京师天府，固于磐石。游骑一临，不攻自下。百官不效一筹，羽林不发一矢，其可怪五也。衣冠济济，声气相高。脚色纷纷，跪拜恐后，举天下科甲千百之众，而殉难才二十人，其可怪六也。⑦

王阳明为政务在开导人心，使百姓安居乐业，从根本上铲除流贼根苗，其靖乱功绩显赫，多是主动出击，哪可能有"贼来则逃，贼退复往"的懦弱之兵呢？阳明治军有方，纪律严明，军民一心，与明末的怪相形成了鲜明对比，如有像阳明一样的真儒当政，必无此六怪。冯梦龙为王阳明作传的动机密切关联着他所处的时代巨变，反映出当时士人评判学术、探究国家衰败原因、积极救亡图存的深刻思考和真切期盼。

三

《三教偶拈》于儒释道三教代表人物各选其一：道教为许逊，题名《许真君旌阳宫斩蛟记》；佛教是道济，题名《济颠罗汉净慈寺显圣记》。许逊、道济、王阳明共同的特征是：有济世的情怀，能够为百姓做事，深受人民爱戴。

三教合一是明季思想发展的主流，冯梦龙以济世作为儒释道的根基："是三教者，互相讥而莫能相废，吾谓得其意皆可以治世。""于释教，吾取其慈悲；于道教，吾取其清净；于儒教，吾取其平实。所谓得其意皆可以治世者,此也。"⑧三教在治世上各有所长,取三者之长以济世:"崇儒之代,不废二教,亦谓导愚适俗,或有藉焉,以二教为儒之辅可也。"⑨这表明冯梦龙以儒家为统领的思想倾向。

王阳明出入释道,其中与道教的关系尤为密切。王阳明少年立志成圣,经娄谅"语宋儒格物之学,谓圣人必可学而至,遂深契之"。⑩九华山地藏洞老道点拨王阳明,直透性灵,备言佛老之要,渐及于儒,曰:"周濂溪、程明道是儒者两个好秀才。"又曰:"朱考亭是个讲师,只未到最上一乘。"⑪《阳明先生年谱》中有大体相同的记述,但并未提及朱熹(考亭)。业师杜维明先生注意到,周濂溪(周敦颐)与程明道(程颢)的"精神努力在许多方面预示着守仁后半生的精神取向。还应该指出,许多思想史家论证说,守仁实际上属于程明道传统,而朱熹则是程颐(伊川)的真正的继承者。在儒学传统中,把周濂溪和程明道挑出来给予特别关注,并不是信口开河。它有一个审慎的意图,即降低朱熹的重要性。的确,据这段轶事的另一种叙述,朱熹实际上被看做儒学的讲师。这一陈述隐含着对这位宋代大儒的严厉批评。讲师可能善于辞令,口若悬河,但由于他的内心经验的品质仍然离儒学的典范教师的理想有差距,所以他还不能以他的全部身心来讲学"。⑫朱熹为讲师之说与冯梦龙对于宋儒的头巾之讥相呼应。在冯梦龙看来,程颐与朱熹可能在境界修为方面尚有欠缺,加之打着程朱理学幌子的末流好以纯儒自居,排斥释道,自然与二氏存有隔阂。地藏洞老道为阳明指出了学习的典范,周敦颐正是从内在的孔颜乐处启发程颢,阳明由此践行,同样是儒家的好秀才,这对于阳明反思朱子学,开创学问新气象有重要导向作用。

《许真君旌阳宫斩蛟记》又见于冯梦龙的《警世通言》第四十卷

《旌阳宫铁树镇妖》。王阳明与许逊的传说有些联系，如《许真君旌阳斩蛟记》结尾："正德戊寅年间，宁府阴谋不轨，亲诣其宫，真君降箕笔云：三三两两两三三，杀尽江南一檐耽。荷叶败时黄菊绽，大明依旧镇江山。后来果败。诸灵验不可尽述。"⑬许逊灵验之符的传说表明朱宸濠不得人心，失道寡助，注定失败。用王阳明比附许逊，表明后学对于王阳明的极度尊崇，如阳明后学董穀以阳明靖宸濠之乱比附许逊镇蛟：

嘉靖八年春，金华举人范信，字成之，谓余言：宁王初反时，飞报到金华，知府某不胜忧惧，延士大夫至府议之，范时亦在座。有赵推官者，常州人也，言于知府曰："公不须忧虑，阳明先生决擒之矣。"袖出旧书一小编，乃《许真君斩蛟记》也。卷末有一行云："蛟有遗腹子贻于世，落于江右，后被阳明子斩之。"既而不数日，果闻捷音。范语如此。余后于白玉蟾《修真十书》，始知真人斩蛟之事甚详。其略云：真人既制蛟于牙城南井，仍铸铁柱镇之，其柱出井数尺，下施八索，钩锁地脉。祝之曰："铁柱若亚，其妖再兴，吾当复出。铁柱若正，其妖永除。"由是水妖顿息，都邑无虞。复虑后世奸雄窃发，故因铁柱再记云："地胜人心善，应不出奸雠。纵有兴谋者，终须不到头。"又曰："吾没后一千二百四十年间，此妖复出，为民害。豫章之境，五陵之内，当有地仙八百人出而诛之。"真人生于吴赤乌二年正月二十八日，至晋宁康三年八月朔，年一百三十六岁，拔宅上升云。余考传记，旌阳存日至今正德己卯，大约适当一千二百四十年之数。且所记铁柱井，今在洪都南城铁柱观中，而真人亦有庙在省城，其有功于南昌甚大。观江西士人言：宁王初生时，见有白龙自井中出，入于江。非定数而何哉？⑭

王阳明主要的事功在江西完成,江西百姓得以安居乐业,自然对他推崇备至。江西阳明学发展兴盛,阳明的传奇故事在民间广为传播,由此再结合流传已久的许真君斩蛟传说,自然成为民间创作题材。由《靖乱录》可知,阳明酷爱剑法,心仪马援,曾在铁柱宫学静坐之法,这与许真君有些相似;豫章蛟龙为害百姓,无恶不作,将朱宸濠比作蛟龙的遗腹子亦在情理之中。"康王梦蟒蛇一条,飞入宫中,将一宫之人登时唉尽,又张口来啮康王。"⑮正如康王所梦,朱宸濠果然败家叛乱,不仅劫持鄱阳湖中的来往船只,而且殃及南昌、九江等地百姓,朱宸濠何尝不是一个恶蛟呢?

许逊铁柱中所记的"纵有兴谋者,终须不到头"暗合降箕笔云"荷叶败时黄菊绽,大明依旧镇江山。"《许真君旌阳宫斩蛟记》与董毂所记传说有呼应之处:蛟龙被许逊追杀时,化作美少男子逃至长沙,与刺史贾玉之女成婚,生三子。后为许逊识破,拔剑诛三子。许逊欲杀贾玉之女时,贾玉夫妇跪请哀告,未杀。由此可呼应董毂所言蛟有遗腹子之事。许逊在长沙擒蛟后,"遂锁了孽龙,径回豫章。于是,驱使神兵铸铁为树,置之郡城南井中。下用铁索钩锁,镇其地脉,牢系孽龙于树。且祝之曰:'铁树开花,其妖若兴,吾当复出。铁树居正,其妖永除,水妖屏迹,城邑无虞。'"⑯这与董毂所记许逊言"其妖再兴,吾当复出"如出一辙。

《济颠罗汉净慈寺显圣记》讲的是济公的故事。王阳明与道济也有一些关联,道济显圣的净慈寺,正是阳明上疏忤刘瑾、遭廷杖、出狱后的养病之地。王阳明擒获朱宸濠献俘后,亦养病于西湖净慈寺。当然,最有趣的是王阳明于西湖虎跑泉点化那位闭目塞听、枯坐三年的小僧,以禅机喝之曰:"这和尚终日口巴巴说甚么?终日眼睁睁看甚么?"⑰眉批:"绝妙禅理!"这真似道济再现。

四

《靖乱录》传入日本,经翻印后,流传甚广,同时也为研究者所重视。[18]
国内《靖乱录》清代以来少见流传,2007年凤凰出版社《冯梦龙全集》
收入此书,但较少为人所注意。这种现象也映射出中日阳明学发展的
差异,梁启超读《泰州学案》按语谓:

日本自幕府之末叶,王学始大盛,其著者曰大平中斋、曰吉田松阴、
曰西乡南洲、曰江藤新平,皆为维新史上震天撼地人物。其心得及其行
事,与泰州学派盖甚相近矣。井上哲次郎一书曰《日本阳明派之哲学》。
其结论云:"王学入日本则成为一日本之王学,成活泼之事迹,留赫奕之
痕迹,优于支那派远甚。"嘻!此殆未见吾泰州之学风焉尔。抑泰州之
学,其初起气魄虽大,然终不能敌一般舆论,以致其传不能永,则所谓活
泼赫奕者,其让日本专美亦宜。接其传而起其衰,则后学之责也。[19]

泰州学派中敢于赤手搏龙蛇之士充分发扬了阳明的豪杰气概,勇于担
当,洋溢着良知学刚健活泼的精神,展现了凤凰翔于千仞之上的气象。
虽然在阳明后学展开过程中,泰州学派末流猖狂自恣,流弊甚多,但是
阳明学内在的精神气质依然不减,李贽盛赞泰州学派:"盖心斋真英雄,
故其徒亦英雄也。""一代高似一代,所谓大海不宿死尸,龙门不点破额,
岂不信乎!"[20]据《心斋先生弟子师承》:"计得诸贤四百八十七人,可谓
盛矣。上自师保公卿,中及疆吏司道牧令,下逮士庶樵陶农吏,几无辈

无之。考诸贤所出之地，几无省无之。"㉑阳明后学还有江右王门、浙中王门、止修学派等，中国阳明后学成活泼之事迹、留赫奕之痕迹者如过江之鲫。为什么初起气魄大，其传不能永呢？梁启超的话题关联着阳明学发展的困境。阳明学至三传弟子后的衰落与首辅张居正禁学、魏忠贤迫害正义之士等外部高压的政治环境有关，随着清廷确立，阳明学也几乎成为绝响。学难以讲，道如何修？同时，内部学派分化，良知异见层出，这需要深入分析阳明学发展的内在理路以及流弊产生的根源。只有对流弊有深刻的警醒，才能有效保证真精神的顺畅发用。当然，学术本身具有"自愈"功能，明末清初的大思想家方以智、王夫之、黄宗羲等对此都有深刻的反思。吾辈今日"宜接其传而起其衰"，既要深入发掘阳明学的内核精神，又要澄汰其流弊，既需要在义理上把握辨析，也需要以儒家典范为榜样，在其事迹中体会学习，汲取内在的精神力量，转化成自我人格培养、增进事业的源泉。

本次整理的《靖乱录》参校本为日本弘毅馆翻刻本，分为上中下三卷，每卷字数相当，但从内容的角度意义不大。其优点是字迹特别是眉批较清晰，但较之于原本增加了一些翻刻错误。

笔者在研究阳明学过程中，只关注过少量翻译的日本阳明学研究成果。业师杜维明先生曾多次说起冈田武彦先生，这次修订正值冈田先生的《王阳明大传：知行合一的心学智慧》中文版出版，得以参考，笔者近来又购得一套《冈田武彦全集》，其中还有《王阳明全集抄评释》等，冈田先生的研究方法及深耕易耨的治学精神值得学习。他在书中大量征引《靖乱录》，并予以说明："可能有读者会问，《皇明大儒王阳明先生出身靖乱录》是传记小说，其中肯定会有虚构的成分，为什么还要引用呢？这是因为通过阅读这样的小说，读者可以更容易理解阳明思想的精髓。阳明思想中最出彩的'体认'，其实是一种情感。"㉒冯梦龙作《靖乱录》时，将自己的真实情感灌注其中，读者也应怀着一种全身投入的真情，方能与之共鸣，心灵得以滋养。梁启超也曾讲道：王阳明学说宗旨的形成，"他自己必几经实验，痛下苦功，见得真切，终能拈出来"。阳明学是修养身心、磨炼人格的学问。如果对此把握不准，则学生以"吃书"为职业，学校和教师只是在"贩卖"知识。㉓诚若如此，何谈有本有根的真学问？更不用说事功与济世了。

五

正德十二年丁丑（1512），王阳明作《谕俗四条》，以劝善为首：

> 为善之人，非独其宗族亲戚爱之，朋友乡党敬之，虽鬼神亦阴相之。为恶之人，非独其宗族亲戚恶之，朋友乡党怨之，虽鬼神亦阴殛之。故"积善之家，必有余庆，积不善之家，必有余殃"。㉔

王阳明注意到，"破山中贼"后，要从根源上铲除匪患，必须进一步"破心中贼"：注重教化百姓，移风易俗，消除作恶的根源。"积善之家，必有余庆，积不善之家，必有余殃。"出自《易传·文言》，用今天通俗的话来讲，就是家庭成员共同积攒、放大正能量，则家庭兴旺，事业发达，而笼罩着负能量的家庭则相反，这是儒学在民间发挥宗教信仰功能的理论基石。劝人积善是冯梦龙小说的一贯主旨，他说："六经《语》《孟》，谈者纷如,归于令人为忠臣、为孝子","为树德之士、为积善之家,如是而已矣","而通俗演义一种,遂足以佐经书史传之穷"。㉕这在《三教偶拈》中也有集中体现:道济之父李茂春为人纯厚;汉代兰期勉修孝行,感动仙灵:"夫孝至于天,日月为之明;孝至于地,万物为之生;孝至于民,王道为之成。""上至天子,下至庶人,孝道所至,异类皆应。"㉖许逊的祖父许琰为人仁慈,罄家资救饥荒。值黄巾大乱,许都遭大荒,许逊的父亲许肃将自己的仓谷尽数周给各乡。"有监察神将许氏世代积善,奏知玉帝,若不厚报,无以劝善。"玉帝准奏,宣玉洞天仙身变金凤,口衔宝珠,下降许肃家投胎。有诗为证:"御殿亲传玉帝书,祥云蔼蔼凤衔珠。试看凡子生仙种,积善之家庆有余。"㉗由此形象诠释了《孝经·感应章》"孝悌之至,感于神明,光于四海,无所不通"。

与高深严肃的典籍相比,小说自有独特的作用:小说"资于通俗者多","试今说话人当场描写,可喜可愕,可悲可涕,可歌可舞。""虽日诵《孝经》《论语》,其感人未必如是之捷且深也。噫,不通俗而能之乎?"㉘孝子贤臣的鲜活事迹是普及教化、移风易俗的最佳方式,这种方式深入人心,易晓易记,能在民间迅速传播。

《靖乱录》通过一些具体的事例展现孝忠等儒家核心价值,劝善止恶,如其中的两个反面典型:讲到阳明杀池仲容后,冯梦龙言:"人恶人怕天不怕,人善人欺天不欺。善恶到头终有报,只争来早与来迟。"㉙这不正是积善有余庆、积不善有余殃的另一种表达吗?朱宸濠作恶多端,不但自己身败名裂,而且导致整个宁王世家至此终结。

王阳明一家是《靖乱录》中为善的典型,阳明之父王华积德行善,不但自己得中状元,也因此感得神仙送子。冯梦龙讲述王华拒绝"欲借人间种"的美姬,并与王华中状元一事相关联,由此暗喻不邪淫、不贪色、不为恶,能够感神明、得功名、增福报。并记述阳明出生时,岑夫人梦神人衣绯腰玉,于云中鼓吹,送一小儿来家。积善有余庆,得贵子通常是余庆的重要特征,并伴有吉祥的征兆。但这些神异的事迹并非冯梦龙杜撰,而均有相关史传来源。王华的事迹见于《王阳明全集》卷三十八《海日先生行状》,王阳明降生的传说则阳明年谱、传记均有记载。而阳明弟子钱德洪所记尤为详尽:"岑夫人夜梦五色云中,见神人绯袍玉带,鼓吹导前,送儿授岑曰:'与尔为子。'岑辞曰:'吾已有子,吾媳妇事吾孝,愿得佳儿为孙。'神人许之。"㉚王华孝友出于天性,以身示教;子承父德,由此烘托王阳明的忠孝。王阳明上疏救戴铣遭廷杖,王华时为礼部侍郎,在京,喜曰:"吾子得为忠臣,垂名青史,吾愿足矣。"眉批:"是父是子。"㉛王阳明靖宁藩叛乱时,王华不惧危祸,"咸谓新建既与濠为敌,其势必阴使奸人来不利于公。先生笑曰:'吾儿能弃家杀贼,吾乃独先去以为民望乎?祖宗德泽在天下,必不使残贼覆乱宗国,行见其败也。吾为国大臣,恨已老,不能荷戈首敌。倘不幸胜负之算不可期,犹将与乡里子弟共死此城耳'"。㉜王华的善义之举使得阳明能够不分心于家事,专注于靖乱,阳明的成功离不开家人的支持。冯梦龙在《靖乱录》中以王华开端,并在后来的行文中插入王华的事迹,父子一体,父子一心,彰显积善之家有余庆的宗旨。

冯梦龙认为"儒释道三教虽殊,总抹不得孝弟二字"。㉝在儒家看来,求忠臣于孝子之门,孝亲很容易转化成爱国,这种爱是一种充满深情的、积极的责任担当。当王阳明在平漳南匪寇后,主动乞假令旗令牌,使得便宜行事,由此进一步袭破山贼、平定宁藩叛乱。晚年平思、田叛乱后，看到八寨、断藤峡等处的山贼据险作乱，又因湖广归师之便，密授方略而袭平。其忠孝之心并不会因为刘瑾等奸佞的迫害而屈服，反而经过百死一生的磨炼而龙场悟道；也不会因为妒贤嫉功的江彬、许泰等小人的猜忌而损减，反而促成拈出"良知"，学问修养更加纯熟。像王阳明这样的孝子忠臣，又何尝不是冯梦龙在国家危亡时强烈呼唤的呢？阳明学是中国文化宝库中瑰丽的明珠，积淀在民族记忆深处。虽然几经摧折，但笔者坚信阳明学在中国的根仍然活着，复兴的基础依旧雄厚。如果读者在阅读中有所启发，能结合自己所处的境遇，活学活用，推动当下的事业的开展、社会的进步，方不愧真正有用的学问，才可以说是把握了阳明学的真精神。

张昭炜

2017 年 5 月

注 释

/// 1

钱德洪《征宸濠反间遗事》，《王阳明全集》卷三十九，上海古籍出版社，2014 年，第 1632 页。

/// 2

许自昌《樗斋漫录》卷六，参见《相与校对〈忠义水浒传〉》，《冯梦龙集笺注》，天津古籍出版社，2006 年，第 250 页。

/// 3

《三教偶拈叙》，本书，第224页。

/// 4

本书，第210页。

/// 5

本书，第14页。

/// 6

本书，第5页。

/// 7

《中兴实录叙》，《甲申纪事》，《冯梦龙全集》第15册，第247—248页。

/// 8

《三教偶拈叙》，本书，第223—224页。

/// 9

《〈醒世恒言〉序》，《冯梦龙全集》第3册，第1页。

/// 10

《王阳明全集》卷三十三《年谱一》，第1348页。

/// 11

本书,第20页。

/// 12

杜维明《宋明儒学思想之旅——青年王阳明(1472—1509)》,《杜维明文集》第三卷,武汉出版社,2002年,第63—64页。

/// 13

《三教偶拈》,《冯梦龙全集》第10册,第204页。

/// 14

董毅《斩蛟》,《碧里杂存》,明刻本,第15—16页。

/// 15

本书,第133页。

/// 16

《三教偶拈》,《冯梦龙全集》第10册,第194—197页。

/// 17

本书,第26页。

/// 18

参见中田胜《"王阳明先生出身靖乱录"考》,二松学舍大学《人文论丛》(23),1982年,第1—10页。

/// 19

《节本明儒学案》，商务印书馆，1916年，第351—353页。

/// 20

李贽《大孝一首》，《为黄安二上人三首》，《焚书》卷二，中华书局，1975年，第80页。

/// 21

《王心斋全集》，江苏教育出版社，2001年，第109页。

/// 22

《前言》，《王阳明大传：知行合一的心学智慧》，第3页。

/// 23

梁启超《王阳明知行合一之教》，《饮冰室文集》之四十三，《饮冰室合集》第5册，中华书局，1989年，第23—24页。

/// 24

《王阳明全集》卷二十四，第1010页。

/// 25

《〈警世通言〉叙》，《冯梦龙全集》第2册，第663页。

/// 26

《三教偶拈》,《冯梦龙全集》第10册,第146页。

/// 27

《三教偶拈》,《冯梦龙全集》第10册,第150—151页。

/// 28

《〈古今小说〉序》,《冯梦龙全集》第1册,第2—3页。

/// 29

本书,第112页。

/// 30

钱德洪《瑞云楼后记》,《徐爱 钱德洪 董澐集》,凤凰出版社,2007年,第170页。

/// 31

本书,第48页。

/// 32

陆深《海日先生行状》,《王阳明全集》卷三十八,第1550—1551页。

/// 33

冯梦龙《庄子休鼓盆成大道》,《警世通言》卷二,《冯梦龙全集》第2册,第13页。

目 录

壹

早年传奇

如今且说"道学"二字，道乃道理，学乃学问。有道理，便有学问，不能者待学而能，不知者待问而知，问总是学，学总是道，故谓之道学。

诗曰:

绵绵圣学已千年,

两字良知是口传。

欲识浑沦无斧凿,

须知规矩出方圆。

不离日用常行内,

直造先天未画前。

握手临歧更何语?

殷勤莫愧别离筵! ①

这首诗,乃是国朝一位有名的道学②先生别门生之作。那位道学先生姓王,双名守仁,字伯安,学者称为阳明先生,乃浙江省绍兴府余姚县人也。

如今且说"道学"二字，道乃道理，学乃学问。有道理，便有学问，不能者待学而能，不知者待问而知，问总是学，学总是道，故谓之道学。且如鸿蒙之世，茹毛饮血，不识不知，此时尚无道理可言，安有学问之名？自伏羲始画八卦，制文字，泄天地之精微，括人事之变化，于是学问渐兴。据古书所载：黄帝学于太真，颛帝学于录图，帝喾学于赤松子，尧学于君畴，舜学于务成昭，禹学于西王国，汤学于伊尹，文王学于时子思，武王学于尚父，成王学于周公。这几个有名的帝王，天纵聪明，何所不知，何所不能？只为道理无穷，不敢自足，所以必须资人讲解，此乃道学渊源之一派也。自周室东迁，教化渐衰，处士横议，天生孔圣人出来，删述六经，表章五教③，上接文、武、周公之脉，下开百千万世之绪，此乃帝王以后第一代讲学之祖。

汉儒因此立为经师：《易经》有田何、丁宽、孟喜、梁丘贺等，《书经》有伏胜、孔安国、刘向、欧阳高等，《诗经》有申培、毛公、王吉、匡衡等，《礼经》有大戴、小戴、后苍、高堂生等，《春秋》有公羊氏、穀梁氏、董仲舒、眭弘等。各执专经，聚徒讲解。当时明经行修者，荐举为官，所以人务实学，风俗敦厚。

及唐以诗赋取士，理学遂废，惟有昌黎伯韩愈，独发明道术，为一代之大儒。至宋太祖崇儒重道，后来真儒辈出，为濂洛关闽之传。濂以周茂叔为首，洛以二程为首，关以张横渠为首，闽以朱晦庵为首，于是理学大著。许衡、吴澄当胡元腥世，犹继其脉。

迄于皇明，薛瑄、罗伦、章懋、蔡清之徒，皆以正谊明道、清操劲节相尚，生为名臣，没载祀典，然功名事业，总不及阳明先生之盛。即如讲学一途，从来依经傍注，惟有先生揭"良知"二字为宗，直抉千圣千贤心印，开后人多少进修之路。只看他一生行事，横来竖去，从心所欲，勘乱解纷，无不底绩，都从良知挥霍出来。真个是卷舒不违乎时，文武惟其所用，这才是有用的学问，这才是真儒。所以国朝道学，公论必以阳明先生为第一。有诗为证：

世间讲学尽皮肤，

虚誉虽隆实用无。

养就良知满天地，

阳明才是仲尼徒。

且说阳明先生之父，名华，字德辉，别号龙山公，自幼警敏异常。六岁时，与群儿戏于水滨，望见一醉汉濯足于水中而去。公先到水次，见一布囊，提之颇重，意其中必有物，知是前醉汉所遗，酒醒必追寻至此，犹恐为他儿所见，乃潜投于水中。

群儿至，问："汝投水是何物？"

公谬对曰："石块耳。"

群儿戏罢，将晚餐，拉公同归。公假称腹痛不能行，独坐水次而守之。少顷，前醉汉酒醒，悟失囊，号泣而至。

公起迎，问曰："汝求囊中物耶？"

醉汉曰："然。童子曾见之否？"

公曰："吾恐为他人所取，为汝藏于水中。汝可自取。"

醉汉取囊，解而视之，内裹白金数锭，分毫不动。

醉汉大惊曰："闻古人有还金之事，不意出自童子。"

还金，廉士所能也。出于六岁儿，异矣。尤异处在保全此金以待客。

简一小锭为谢曰:"与尔买果饵吃。"

公笑曰:"吾家岂乏果饵而需尔金耶?"

奔而去。归家,亦绝不言于父母。[④]

年七岁,母岑夫人授以句读。值邑中迎春,里中儿皆欢呼出观,公危坐,读书不辍。

岑夫人怜之,谓曰:"儿可出外暂观,再读不妨。"

公拱手对曰:"观春不若观书也。"

岑夫人喜曰:"是儿他日成就殆不可量!"

自此,送乡塾就学,过目辄不忘。同学小儿所读书,经其耳,无不成诵。

年十一,从里师钱希宠,初习对句,辄工。月余,学为诗,又月余,学为文,出语惊人。为文两月,同学诸生虽年长,无出其右者。

钱师惊叹曰:"一岁之后,吾且无以教汝矣!"

值新县令出外拜客,仆从甚盛,在塾前喝道而过。同学生停书,争往出观,公据案朗诵不辍,声琅琅达外。

钱师止之曰:"汝不畏知县耶?"

公对曰:"知县亦人耳,吾何畏?况读书未有罪也。"

钱师语其父竹轩翁曰:"令公子德器如此,定非常人!"[⑤]

年十四,学成,假馆于龙泉寺。寺有妖祟,每夜出,抛砖弄瓦,往时借寓读书者咸受惊恐,或发病,不敢复居。公独与一苍头[⑥]寝处其中,寂然无声。僧异之,乘其夜读,假以猪尿泡涂灰粉,画眉眼其上,用芦管透入窗棂,嘘气涨泡,如鬼头形。僧口作鬼声,欲以动公。公取床头小刀刺泡,泡气泄。僧拽出,公投刀,复诵读如常,了不为异。闻者皆

　　十二年丙申,先生五岁,尚未能言。一日,与群
儿戏,见一异人过,熟目之而去。先生追蹑里许,
异人愕然还,见竹轩翁曰:"好个小孩儿,可惜叫
破了。"

为缩舌。^⑦

婆夫人郑氏于成化七年，怀娠凡十四月，岑夫人梦神人衣绯腰玉，于云中鼓吹，送一小儿来家。比惊醒，闻啼声，侍女报郑夫人已产儿，儿即阳明先生也。^⑧

竹轩公初取名曰"云"，乡人因指所生楼曰"瑞云楼"。云五岁，尚不能言。一日，有神僧过之，闻奶娘呼名，僧摩其顶曰："好个小儿，可惜道破了。"

竹轩翁疑梦不当泄，乃更名守仁。是日遂能言。^⑨

且祖父所读书，每每口诵，讶问曰："儿何以能诵？"

对曰："向时虽不言，然闻声已暗记矣。"

其神契如此。

有富室闻龙山公名，迎至家园馆谷。忽一夜，有美姬造其馆，华惊避。

美姬曰："勿相讶，我乃主人之妾也。因主人无子，欲借种于郎君耳。"

公曰："蒙主人厚意留此，岂可为此不肖之事？"

姬即于袖中出一扇，曰："此主人之命也。郎君但看扇头字，当知之。"

公视扇面，果主人亲笔，书五字，曰："欲借人间种。"

公援笔添五字于后，曰："恐惊天上神。"

厉色拒之。姬怅怅而去。

　　十五年己亥，先生八岁，大父竹轩翁授以《曲礼》，过目成诵。一日，忽诵竹轩翁所尝读书，翁惊问之。曰："闻公公读时，吾言虽不能出，口已默记矣。"

公既中乡榜，明年会试，前富室主人延一高真⑩设醮祈嗣，高真伏坛，遂睡去，久而不起。既醒，主人问其故。

高真曰："适梦捧章至三天门，遇天上迎状元榜，久乃得达，故迟迟耳。"

主人问："状元为谁？"

高真曰："不知姓名。但马前有旗二面，旗上书一联云：'欲借人间种，恐惊天上神。'"

主人默然大骇。

时成化十七年辛丑之春也。未几，会试报至，公果状元及第。阳明先生时年十岁矣。

次年壬寅，公在京师，迎养其父竹轩翁，翁因携先生同往。过金山寺，竹轩公与客酣饮，拟作诗，未成。先生在旁索笔。

竹轩翁曰："孺子亦能赋耶？"

先生即书四句云：

金山一点大如拳，

打破维扬水底天。

醉倚妙高楼上月，

玉箫吹彻洞龙眠。

坐客惊异，咸为起敬。少顷，游蔽月山房⑪，竹轩公曰："孺子还能作一诗否？"

　　十八年壬寅，竹轩公以龙山公辛丑及第，携先生
之京。过金山，与客酌饮，拟赋金山诗。先生即应声
曰："金山一点大如拳，打破维扬水底天。醉倚妙高
台上月，玉箫吹彻洞龙眠。"客欲试之，命赋蔽月山
房，即随应曰："山近月远觉月小，便道此山大于月。
若人有眼大如天，还见山小月更阔。"

先生应声吟曰：

山近月远觉月小，

便道此山大于月。

若人有眼大如天，

还见山小月更阔。

坐客谓竹轩翁曰："令孙声口，俱不落凡。想他日定当以文章名天下。"

先生曰："文章小事，何足成名？"

众益异之。

十二岁，在京师就塾师，不肯专心诵读。每潜出，与群儿戏，制大小旗帜，付群儿持立四面，自己为大将，居中调度，左旋右转，略如战阵之势。龙山公出，见之，怒曰："吾家世以读书显，安用是为？"

先生曰："读书有何用处？"

龙山公曰："读书则为大官，如汝父中状元，皆读书力也。"

先生曰："父中状元，子孙世代还是状元否？"

龙山公曰："止我一世耳。汝若要中状元，还是去勤读。"

先生笑曰："只一代，虽状元，不为希罕。"

父益怒，朴责之。

先□□□，又尝问塾师曰："天下何事为第一等人？"

塾师曰："岜科高第，显亲扬名，如尊公，乃第一等人也。"

先生吟曰:"蒐科高第时时有,岂是人间第一流?"

塾师曰:"据孺子之见,以何事为第一?"

先生曰:"惟为圣贤方是第一!"

龙山公闻之,笑曰:"孺子之志,何其奢也!"

世爵、大儒福德,俱自幼而定。

先生一日出游市上,见卖雀儿者,欲得之,卖雀者不肯与,先生与之争。有相士号麻衣神相,一见先生,惊曰:"此子他日大贵,当建非常功名!"

乃自出钱,买雀以赠先生,因以手抚其面曰:"孺子记吾言:

须拂领,其时入圣境;

须至上丹台,其时结圣胎;

须至下丹田,其时圣果圆。"

又嘱曰:"孺子当读书自爱,吾所言将来必有应验。"

言讫遂去。

先生感其言,自此潜心诵读,学问日进。

十三岁,母夫人郑氏卒。先生居丧,哭泣甚哀。父有所宠小夫人,待先生不以礼。先生游于街市,见有缚鸮鸟一只求售者,先生出钱买之,复怀银五钱,赠一巫妪,授以口语:"见庶母,如此恁般。"

先生归,将鸮鸟潜匿于庶母床被中。母发被,鸮冲出,绕屋而飞,口作怪声。小夫人大惧,开窗逐之,良久方去。俗忌野鸟入室,况鸮乃恶声之鸟，见者以为不祥。又伏于被中，曲房深户，重帷锦衾，何自而入，岂不是大怪极异之事？先生闻房中惊诧之声，佯为不知，入问其故，小夫人述言有此怪异。

先生曰："何不召巫者询之？"

小夫人使人召巫妪，巫妪入门，便言家有怪气。

既见小夫人，又言："夫人气色不佳，当有大灾晦至矣。"

小夫人告以发被得鸮鸟之异，巫妪曰："老妇当问诸家神。"

即具香烛，命小夫人下拜。索钱楮^⑫，焚讫，妪即谬托郑夫人附体，言曰："汝待我儿无礼，吾诉于天曹，将取汝命！适怪鸟，即我所化也。"

小夫人信以为真，跪拜无数，伏罪悔过，言："此后再不敢！"

良久，媪苏曰："适见先夫人，意色甚怒，将托怪鸟啄尔生魂，幸夫人许以改过，方才升屋檐而去。"

小夫人自此待先生加意有礼。

先生尚童年，其权术已不测如此矣。

先生十四岁，习学弓马，留心兵法，多读韬钤^⑬之书，尝曰：

儒者患不知兵。仲尼有文事，必有武备。区区章句之儒，平时叨窃富贵，以词章粉饰太平，临事遇变，束手无策，此通儒之所羞也。

十五岁，从父执<small>父辈谓之父执</small>。游居庸三关，慨然有经略四方之志。一日，梦谒伏波将军庙<small>汉马援封伏波将军</small>。赋诗曰：

卷甲归来马伏波，

早年兵法鬓毛皤。

云埋铜柱雷轰折，

六字题文尚不磨。[14]

其时地方水旱，盗贼乘机作乱，畿内有石英、王勇，陕西有石和尚、刘千斤，屡屡攻破城池，劫掠府库，官军不能收捕。先生言于龙山公："欲以诸生上书，请效终军故事。[15]愿得壮卒万人，削平草寇，以靖海内。"

龙山公曰："汝病狂耶！书生妄言取死耳！"

先生乃不敢言，于是益专心于学问。[16]

弘治元年，先生十七岁，归余姚，遂往江西就亲，所娶诸氏夫人，乃江西布政司参议诸养和公之女也。既成婚官署中，一日信步出行，至许旌阳铁柱宫，于殿侧遇一道者，庞眉皓首，盘膝静坐。先生叩曰："道者何处人？"

道者对曰："蜀人也，因访道侣至此。"

先生问："其寿几何？"

对曰："九十六岁矣。"

问其姓，对曰："自幼出外，不知姓名。人见我时时静坐，呼我曰'无为道者'。"

先生见其精神健旺，声如洪钟，疑是得道之人，因叩以养生之术。道者曰："养生之诀，无过一静。老子清净，庄生逍遥，惟清净而后能逍遥也。"

因教先生以导引之法。先生恍然有悟，乃与道者闭目对坐，如一对槁木，不知日之已暮，并寝食俱忘之矣。

诸夫人不见先生归署，言于参议公，使偩役遍索，不得。至次日天明，始遇之于铁柱宫中，隔夜坐处尚未移动也。偩役以参议命促归，先生呼道者与别。

道者曰："珍重珍重。二十年后，当再见于海上也。"⑰

先生回署。署中蓄纸最富，先生日取学书，纸为之空，书法大进。先生自言："吾始学书，对模古帖，止得字形。其后不轻落纸，凝思于心，久之，始通其法。明道程先生有曰：'吾作字甚敬，非是要字好，只此是学。'夫既不要字好，所学何事？只'不要字好'一念，亦是不敬。"⑱

闻者叹服。

明年己酉，先生十八岁。是冬，与诸夫人同返余姚。行至广信府上饶县，谒道学娄一斋，名谅。语以宋儒格物致知之义，谓圣人必可学而至。⑲先生深以为然。自是，奋然有求为圣贤之志。平日好谐谑豪放，此后每每端坐省言，曰："吾知过矣。蘧伯玉行年五十，而知四十九之非，何其晚也！"⑳

弘治五年壬子，先生年二十一岁，竹轩翁卒于京师，龙山公奉其丧以归。㉑

是秋，先生初赴乡试场中。夜半，巡场者见二巨人：一衣绯，一衣绿，东西相向立，大声言曰："三人好做事。"言讫，忽不见。及发榜，先生与孙忠烈燧、胡尚书世宁同举。其后，宁王宸濠之变，胡发其奸，孙

便能参驳先儒，识见超异。

　　尝梦王威宁伯遗以弓矢宝剑,后差筑宁王坟,其
家果赠,如所梦。梦南征,谒马伏波庙,题诗曰:"卷
甲归来马伏波,早年兵法鬓毛皤。云埋铜柱雷轰折,
六字题文尚不磨。"及征田州,果验。

死其难，先生平其乱，人以为"三人好做事"，此其验也。

明年癸丑春，会试下第。宰相李西涯讳东阳，时方为文章主盟，服先生之才，戏呼为来科状元。丙辰，再会试，复被黜落。[22]同寓友人以不第为耻，先生曰："世情以不得第为耻，吾以不得第动心为耻。"友人服其涵养。时龙山公已在京任，先生遂寓京中。

明年丁巳，先生年二十六岁。边任报紧急，举朝仓皇，推择将才，莫有应者。先生叹曰："武举之设，仅得骑射击刺之士，而不可以收韬略统驭之才。平时不讲将略，欲备仓卒之用，难矣！"

于是留情武事。凡兵家秘书，莫不精研熟讨。每遇宾客宴会，辄聚果核为阵图，指示开阖进退之方。一夕，梦威宁伯王越，解所佩宝剑为赠。既觉，喜曰："吾当效威宁，以斧钺之任，垂功名于竹帛，吾志遂矣！"

弘治十二年己未，先生中会试第二名，时年二十八岁，廷试二甲，以工部观政进士受命，往浚县督造威宁伯坟。[23]

先生一路不用肩舆，日惟乘马，偶因过山，马惊，先生坠地吐血，从人进轿，先生仍用马。盖以此自习也。

既见威宁子弟，问先大夫用兵之法，其家言之甚悉。先生即以兵法部署造坟之众，凡在役者更番休息，用力少，见功多，工得速完。其家致金帛为谢，先生固辞不受，后乃出一宝剑相赠，曰："此先大夫所佩也。"先生喜其与梦相符，遂受之。

如此，方
用世实。

　　上边务八事：曰蓄材以备急，曰舍短以用长，曰
简师以省费，曰屯田以足食，曰行法以振威，曰敷恩
以激怒，曰捐小以全大，曰严守以乘弊。其言今之大
患，在于为大臣者外托慎重老成，而内为固禄希宠之
计；为左右者内挟交蟠壅蔽，而外肆招权纳贿之恶。
忧时者谓之迂狂，进言者目以浮躁。尤为削切。

复命之日，值星变，达虏方犯边，朝廷下诏求直言。先生上言边务八策，言极剀切。㉔

明年，授官刑部主事。又明年，奉命审录江北，多所平反，民称不冤。

事毕，遂游九华山，历无相、化城诸寺，到必经宿。时道者蔡蓬头踞坐堂中，衣服敝陋，若颠若狂。先生心知其异人也，以客礼致敬，请问："神仙可学否？"

蔡摇首曰："尚未尚未。"

有顷，先生屏去左右，引至后亭，再拜，复叩问之。

蔡又摇首曰："尚未尚未。"

先生力恳不已，蔡曰："汝自谓拜揖尽礼，我看你一团官相，说甚神仙！"

先生大笑而别。

游至地藏洞，闻山岩之巅有一老道，不知姓名，坐卧松毛，不餐火食。先生欲访之，乃悬崖扳木而上，直至山巅。老道踡足熟睡，先生坐于其傍，以手抚摩其足。久之，老道睡方觉，见先生，惊曰："如此危险，安得至此？"

先生曰："欲与长者论道，不敢辞劳也。"

因备言佛老之要，渐及于儒，曰："周濂溪、程明道是儒者两个好秀才。"又曰："朱考亭是个讲师，只未到最上一乘。"㉕

先生喜其谈论，盘桓不能舍。次日再往访之，其人已徙居他处矣。有诗为证：

路入岩头别有天，

松毛一片自安眠。

高谈已散人何处，

古洞荒凉散冷烟。㉖

弘治十五年，先生至京复命。京中诸名士俱以古文相尚，立为诗文之社，来约先生。先生叹曰："吾焉能以有限精神，作此无益之事乎？"遂告病归余姚，筑室于四明山之阳明洞。

洞在四明山之阳，故曰阳明。山高一万八千丈，周二百一十里，《道经》第九洞天也。为峰二百八十有二，其中峰曰芙蓉峰，有汉隶刻石于上，曰"四明山心"。其右有石窗，四面玲珑如户牖，通日月星辰之光。先生爱其景致，隐居于此，因自号曰"阳明"。㉗

思铁柱宫道者之言，乃行神仙导引之术。月余，觉阳神自能出入，未来之事，便能前知。㉘一日静坐，谓童子曰："有四位相公来此相访，汝可往五云门迎之。"

童子方出五云门，果遇王思舆等四人，乃先生之友也。㉙童子述先生遣迎之意。四人见先生，问曰："子何以预知吾等之至？"

先生笑曰："只是心清。"

四人大惊异。述于朋辈，朋辈惑之。往往有人来叩先生以吉凶之事，先生言多奇中。

忽然悟曰："此簸弄精神，非正觉也。"

遂绝口不言，思脱离尘网，超然为出世之事。惟祖母岑太夫人与父龙山公在念，不能忘情，展转踌躇，忽又悟曰："此孝弟一念，生于孩提，此念若可去，断灭种性矣。此吾儒所以辟二氏。"

乃复思三教之中，惟儒为至正，复翻然有用世之志。

明年，迁寓于钱塘之西湖。怎见得西湖景致好处？有《四时望江南词》为证：

西湖景，

春日最宜晴。

花底管弦公子宴，

水边罗绮丽人行，

十里按歌声。

西湖景，

夏日正堪游。

金勒马嘶垂柳岸，

红妆人泛采莲舟，

惊起水中鸥。

西湖景，

秋日更宜观。

桂子冈峦金谷富，

芙蓉洲渚彩云间，

爽气满前山。

　　时太原乔宇，广信江俊，河南李梦阳、何景明，姑
苏顾璘、徐祯卿，山东边贡，泰州储瓘，俱以才名相
知，为古诗文。先生一日叹曰："吾安能以有限精神
为无用虚文？"遂告病归，辟阳明洞旧基为书屋，究仙
经秘旨。久之，忽能预知。王思裕等四人自云门来
访，先生命仆买果肴以候，历语其过洞摘桃花踪迹，
四人以为得道。久之，悟曰："此弄精魂，非道也。"

西湖景,

冬日转清奇。

赏雪楼台评酒价,

观梅园圃订春期,

共醉太平时。[30]

又有林和靖先生《咏西湖》诗一首:

混元神巧本无形,

幻出西湖作画屏。

春水净于僧眼碧,

晚山浓似佛头青。

栾栌粉堵摇鱼影,

兰社烟丛阁鹭翎。

往往鸣榔与横笛,

斜风细雨不须听。[31]

那西湖,又有十景,那十景?

苏堤春晓、

平湖秋月、

曲院风荷、

断桥残雪、

　　十七年甲子春,居阳明洞。夏,山东聘主考试,
梓文咸出先生手笔。展胸中素蕴,一洗陈言虚套
之习,五策举可措诸用,海内传以为式。登泰山,作
《泰山高》,有:"瞻眺门墙,仿佛室堂。三千之下,许
占末行。"㉜

雷峰夕照、

南屏晚钟、

雨峰出云、

三潭印月、

柳浪闻莺、

花港观鱼。

先生寓居西湖，非关贪玩景致。那杭州乃吴越王钱氏及故宋建都之地，名山胜水，古刹幽居，多有异人栖止。先生遍处游览，冀有所遇。

一日，往虎跑泉游玩，闻有禅僧坐关三年，终日闭目静坐，不发一语，不视一物。先生往访，以禅机喝之曰："这和尚终日口巴巴说甚么？终日眼睁睁看甚么？"

其僧惊起作礼，谓先生曰："小僧不言不视，已三年于兹。檀越却道口巴巴说甚么，眼睁睁看甚么，此何说也？"

先生曰："汝何处人？离家几年了？"

僧答曰："某河南人，离家十余年矣。"

先生曰："汝家中亲族还有何人？"

僧答曰："止有一老母，未知存亡。"

先生曰："还起念否？"

僧答曰："不能不起念也。"

先生曰："汝既不能不起念，虽终日不言，心中已自说着；终日不视，心中已自看着了。"

绝妙禅理。

　　十八年乙丑，甘泉湛公若水为庶吉士，先生一
见定交，以倡圣学为志。尝赠甘泉有："幼不学问，
陷溺于邪僻者二十年，而始究心于老、释。赖天之
灵，始沿周、程求之，若有得焉。自得友于湛子而
后志益坚，毅然若不可遏。"㉝

　　徐爱，字曰仁，居余姚马堰，娶先生女弟，受
学甚蚤。沉潜而笃信，记《传习录》示同志。季
三十二以没。尝梦瞿昙拊其背曰："子与颜子同德，
亦与颜子同寿。"

僧猛省,合掌曰:"檀越妙论,更望开示!"

先生曰:"父母天性,岂能断灭?你不能不起念,便是真性发现。虽终日呆坐,徒乱心曲。俗语云:'爹娘便是灵山佛,不敬爹娘敬甚人?'"㉞

言之未毕,僧不觉大哭起来,曰:"檀越说得极是,小僧明早便归家,省吾老母。"

次日,先生再往访之,寺僧曰:"已五鼓负担还乡矣。"

先生曰:"人性本善,于此僧可验也。"

于是益潜心圣贤之学。

读朱考亭语录,反复玩味,又读其《上宋光宗疏》,有曰:"居敬持志,为读书之本;循序致精,为读书之法。"㉟

掩卷叹曰:"循序致精,渐渍洽浃,使物理与吾心混合无间,方是圣贤得手处。"

于是从事于格物致知。每举一事,旁喻曲晓,必穷究其归,至于尽处。

弘治十七年甲子,山东巡按御史陆偁重先生之名,遣使致聘,迎主本省乡试。先生应聘而往,得穆孔晖为解元,后为名臣。㊱是省全录,皆出先生之手。

其年九月,改兵部武选司主事。先生往京都赴任,谓学者溺于词章记诵之末,不知身心之学为何等,于是首倡讲学之事。闻者兴起,于是从学者众,先生俨然以师道自任。同辈多有议其好名者,惟翰林学士湛甘泉讳若水。深契之,一见定交,终日相与谈论,号为莫逆。㊲

注释

/// 1

"须知规矩出方圆"，《王阳明全集》作"须从规矩出方圆"。见《王阳明全集》卷二十《别诸生》，上海古籍出版社，2014年，第872页。按：《靖乱录》所引阳明诗与《王阳明全集》常有微小差异，盖所据版本不同。以下不再出校。

/// 2

"道学"，指宋代出现的传承尧、舜、文王、周公、孔子、孟子之道，重视理气心性、天德王道的儒学。与后来出现的"理学"一词含义大致相同。

/// 3

"五教"，出自《尚书·舜典》："帝曰：契，百姓不亲，五品不逊，汝作司徒，敬敷五教，在宽。"五教指父义、母慈、兄友、弟恭、子孝，亦指父子有亲，君臣有义，夫妇有别，长幼有序，朋友有信。

/// 4

王华（1446—1522），字德辉，晚号海日翁。关于拾金囊一事，杨一清与陆深均有记录，但与冯梦龙所言稍异。据杨一清《海日先生墓志铭》：六岁，与群儿戏水滨，见一客来濯足，已大醉，去，遗其所提囊。取视之，数十金也。公度其醒必复来，恐人持去，以投水中坐守之。少顷，其人果号而至。公迎谓曰："求尔金邪？"为指其处。其人喜，以一锭为谢，却不受。（《世德纪》，《王阳明全集》卷三十八，第1534页。）又见陆深《海日先生行状》：其人喜跃，以一金谢。先生笑却之曰："不取尔数十金，乃取尔一金乎？"客且惭且谢，随至先生家，无少长咸遍拜而去。（《世德纪》，《王阳明全集》卷三十八，第1545页。）

/// 5

竹轩翁即王华的父亲王伦，据魏瀚《竹轩先生传》："先生名伦，字天叙，以字行。性爱竹，所居轩外环植之，日啸咏其间，视纷华势利，泊如也。客有造竹所者，辄指告之曰：'此吾直谅多闻之友，何可一日相舍耶？'学者因称曰竹轩先生。"（《王阳明全集》卷三十八，第1530页。）

/// 6

"苍头"，原指士卒的皂巾，后代指奴仆。

/// 7

据陆深《海日先生行状》："十四岁时，尝与亲朋数人读书龙泉山寺。寺旧有妖为祟。数人者皆富家子，素豪侠自负，莫之信；又多侵侮寺僧，僧甚苦之。信宿妖作，数人果有伤者。寺僧因复张皇其事，众皆失气，狼狈走归。先生独留居如常，妖亦遂止。僧咸以为异。每夜分，辄众登屋号笑，或瓦石撼卧榻，或乘风雨雷电之夕，奋击门障。僧从壁隙中窥，先生方正襟危坐，神气自若，辄又私相叹异。然益多方试之，技殚，因从容问曰：'向妖为祟，诸人皆被伤，君能独无恐乎？'先生曰：'吾何恐？'僧曰：'诸人去后，君更有所见乎？'先生曰：'吾何见？'僧曰：'此妖但触犯之，无得遂已者，君安得独无所见乎？'先生笑曰：'吾见数沙弥为祟耳。'诸僧相顾色动，疑先生已觉其事，因佯谓曰：'此岂吾寺中亡过诸师兄为祟邪？'先生笑曰：'非亡过诸师兄，乃见在诸师弟耳。'僧曰：'君岂亲见吾侪为之？但臆说耳。'先生曰：'吾虽非亲见，若非尔辈亲为，何以知吾之必有见邪？'寺僧因具言其情，且叹且谢曰：'吾侪实欲以此试君尔。君天人也，异时福德何可量？'至今寺僧犹传其事。"（《世德纪》，《王阳明全集》卷三十八，第1546页。）

/// 8

据钱德洪："海日公夫人郑，妊先生既弥十四月，岑夜梦五色云中，见神人绯袍玉带，鼓吹导前，送儿授岑曰：'与尔为子。'岑辞曰：'吾已有子，吾媳妇事吾孝，愿得佳儿为孙。'神人许之。忽闻啼声，惊寤，起视中庭，耳中金鼓声隐隐归空，犹如梦中。盖成化壬辰九月三十日亥时也。"（《瑞云楼后记》，《徐爱　钱德洪　董澐集》，凤凰出版社，2007年，第170页。）

/// 9

黄绾《阳明先生行状》："六岁不言。一日，有僧过之，摩其顶曰：'有此宁馨儿，却叫坏了。' 龙山公悟，改今名，遂言，颖异顿发。"（《王阳明全集》卷三十八，第1554页。）宁馨儿，吴方言，意思是"这样的孩子"，有赞美之意。语出《晋书·王衍传》："何物老妪，生宁馨儿！"

/// 10

"高真"，道教中称得道之人为"高真"。

/// 11

"蔽月山房"，疑为"水月山房"，据《金山志》卷四："水月山房，额在客堂后院地上。"（束景南《阳明佚文辑考编年》，上海古籍出版社，2012年，第13页。）

/// 12

"楮"，落叶乔木，皮可做纸，代指祭祀用的纸钱。

/// 13

"韬铃"，原指《六韬》及《玉铃篇》两兵书，后泛指兵书。

/// 14

《梦中绝句》,《王阳明全集》卷二十,第877页。诗中
"云埋铜柱"、"六字题文",据说马援在平定交趾后,在
国境立一铜柱,上面题有六字"铜柱折,交趾灭。"《大
明一统志》卷九十对此有记载。此诗为阳明破断藤峡
前所作,诗前有序,"此予十五岁时梦中所作。今拜伏
波祠下,宛如梦中。兹行殆有不偶然者,因识其事于
此。"正德十一年丙子,王阳明四十五岁时,升南赣金
都御史以后,有诗:"五月南征想伏波","一战功成未
足云"。(《喜雨三首》,《王阳明全集》卷二十,第821—
822页。)据《铜柱梦》:"阳明先生既受广西田州之命,
自言曰:'吾少时常梦至马伏波庙,题之云:铜柱折,交
趾灭,拜表归来白如雪。又梦题诗曰:拜表归来马伏
波,早年兵法鬓毛皤。云埋铜柱雷轰折,六字铭文永不
磨。不意今有此行。'乃嘉靖四年秋也。逾年,功成而
疾亟矣。屡表乞致,不许,遂促归,至南雄府青龙铺水
西驿而卒。事闻,上怒,爵荫遂尼至今。梦之验也如
此。"(董穀《碧里杂存》,明刻本,第21页。)

/// 15

终军(约前133—前112),字子云,西汉济南人。据
《汉书》载:"少好学,以辩博能属文闻于郡中,年十八,
选为博士弟子。"后请缨出使南越,"军遂往说越王,越
王听许,请举国内属"。"越相吕嘉不欲内属,发兵攻
杀其王及汉使者,皆死。""军死时年二十余,故世谓之
'终童'。"(《汉书》卷六十四下,中华书局,1962年,第

2814—2821页。)

/// 16

据清毛奇龄:"游居庸是偶然事,或意有所在。而行状及年谱皆云:时有石和尚、刘千斤之乱,公欲作疏奏诸朝,请自讨之。公父禁之,乃相度形势,出游居庸。则可笑之甚。按石和尚、刘千斤在成化二年作乱,越一年,遂平。又越五年至八年,而公始生。是作疏讨贼,皆公前世事也。且公父海日公登成化十七年进士,此时亦未能有修撰官居早在京邸。又况石、刘之乱,只在河阳、南阳间,与居庸无涉。初不意门人黄绾作行状,德洪作年谱而诞罔无理至于此。"(《王文成传本》卷一,清刻本,第2页。)

/// 17

据《铁柱老僧》:"阳明先生壮年受室时,以妇翁宦江西,因往焉。一日,独游铁柱观,至一静室中,见一老僧坐,与语相得。僧乃出书一编,授先生而别,且曰:'三十年后再相见。'后平宸濠,入洪都,复往游焉。老僧尚在,以诗遗先生曰:'三十年前曾见君,再来消息我先闻。君于生死轻毫末,谁把纲常任半分?穷海也知钦令德,老天应未丧斯文。东归若到武夷去,千载香灯锁白云。'先生亦有和章,今失记。昔所授编,亦竟不知何书也。"(董穀《碧里杂存》,第20—21页。)据《年谱》,铁柱老僧为一道士:"孝宗弘治元年戊申,先生十七岁,在越。七月,亲迎夫人诸氏于洪都。外舅诸公养和为江西布政司参议，先生就官署委禽。合卺之日，隅闲行入铁柱宫，遇道士趺坐一榻，即而叩之，因闻养生之说，遂相与对坐忘归。诸公遣人追之，次早始还。"（《王阳明全集》卷三十三，第1347页。）阳明四十八岁，正德十四年，阳明平宸濠，入南昌，与"三十年后再相见"、"三十年前曾见君"相符。

/// 18

事见《年谱》弘治元年戊申，先生十七岁。《年谱》所记与此有差异："只'不要字好'一念，亦是不敬"一句，《年谱》作"乃知古人随时随事只在心上学，此心精明，字好亦在其中矣"。（《王阳明全集》，第1347—1348页。）按：据《年谱》，此处王阳明是肯定明道先生（程颢，1032—1085）的意思。"某写字时甚敬，非是要字好，只此是学。"见《二程遗书》卷三，《二程集》，中华书局，2004年，第60页。

/// 19

如前所记，王阳明十二岁时，惟以为圣贤是人生第一等事。娄谅正是以此接引阳明："还广信，谒一斋娄先生。异其质，语以所当学，而又期以圣人，为可学而至，遂深契之。"（黄绾《阳明先生行状》，《王阳明全集》卷三十八，第1555页。）娄谅之学，"以收放心为居敬之门，以何思何虑、勿助勿忘为居敬之要"。"文成年十七，亲迎过信，从先生问学，深相契也，则姚江之学，先生为发端也。"（《明儒学案》卷二，《黄宗羲全集》第

7册,浙江古籍出版社,2005年,第38页。)娄谅师从吴
与弼,吴与弼号康斋,"刻苦奋励,多从五更枕上汗流泪
下得来。及夫得之而有以自乐,则又不知足之蹈之、手
之舞之。盖七十年如一日,愤乐相生,可谓独得圣贤之
心精者"。(《师说》,《黄宗羲全集》第7册,第11页。)
吴与弼门下三大弟子:娄谅、胡居仁、陈献章。胡居仁
主敬,敬义夹持,为吴与弼守"愤"之门户者;陈献章受
学吴与弼后,归家即绝意科举,筑春阳台,数年静坐其
中,虽家人罕见其面,虚静中养出端倪,有得于似初春
的氤氲一气,由敬畏到洒落,为吴与弼守"乐"之门户
者。胡居仁所訾者,亦唯陈献章与娄谅为最,谓两人皆
是陷入异教去,但正是陈、娄二人,展开了明代学术的
转型。"椎轮为大辂之始,层冰为积水所成,微康斋,焉
得有后时之盛哉?"(《明儒学案》卷一,《黄宗羲全集》
第7册,第1页。)

/// 20
"蘧伯玉年五十,而知四十九年非。"(《淮南子·原道
训》。)据《论语·宪问》:"蘧伯玉使人于孔子,孔子与
之坐而问焉,曰:'夫子何为?'对曰:'夫子欲寡其过而
未能也。'"

/// 21
据陆深《海日先生行状》:"庚戌正月下旬,竹轩之讣始
至,号恸屡绝。即日南奔,葬竹轩于穴湖山,遂庐墓下。
墓故虎穴,虎时时群至。先生昼夜哭其傍,若无睹者。

久之益驯，或傍庐卧，人畜一不犯，人以为异。"(《世德纪》，《王阳明全集》卷三十八，第1548页。)据此，竹轩翁当卒于浙江家中，龙山公在京得闻讣。

/// 22

据《年谱》，王阳明再次落第的原因是才高遭忌："明年春，会试下第，缙绅知者咸来慰谕。宰相李西涯戏曰：'汝今岁不第，来科必为状元，试作来科状元赋。'先生悬笔立就。诸老惊曰：'天才！天才！'退有忌者曰：'此子取上第，目中无我辈矣。'及丙辰会试，果为忌者所抑。"(《王阳明全集》卷三十三，第1349页。)

/// 23

威宁伯指王越，据《王越传》："王越，字世昌，浚人。长身，多力善射，涉书史，有大略。""卒于甘州，赠太傅，谥襄敏。越姿表奇伟，议论飇举，久历边陲，身经十余战，知敌情伪及将士勇怯，出奇制胜，动有成算。奖拔士类，笼罩豪俊，用财若流水，以故人乐为用。"(《明史》卷一百七十一，《明史》，中华书局，1974年，第4571—4576页。)

/// 24

《陈言边务疏》，《王阳明全集》卷九，第316—322页。

/// 25

据《年谱》："闻地藏洞有异人，坐卧松毛，不火食，历岩险访之。正熟睡，先生坐傍抚其足。有顷醒，惊曰：'路险何得至此！'因论最上乘曰：'周濂溪、程明道是儒家两个好秀才。'后再至，其人已他移，故后有会心人远之叹。"（《王阳明全集》卷三十三，第1351页。）此处所言"朱考亭是个讲师，只未到最上一乘"，《年谱》中无此语。据阳明所言："赖天之灵，因有所觉，始乃沿周、程之说求之，而若有得焉。"（《别湛甘泉序》，《王阳明全集》卷七，第257页。）"朱子所谓'格物'云者，在即物而穷其理也。即物穷理，是就事事物物上求其所谓定理者也。是以吾心而求理于事事物物之中，析'心'与'理'为二矣。""夫析心与理而为二，此告子'义外'之说，孟子之所深辟也。"（《答顾东桥书》，《王阳明全集》卷二，第50—51页。）由此可见，地藏洞异人对于周濂溪、程明道的推崇与阳明是一致的，对于朱子的贬低亦有所据。

/// 26

正德十五年，王阳明《重游化城寺二首》之"会心人远空遗洞，识面僧来不记名"，可与此诗相印证。

/// 27

据毛奇龄所言："公晚爱会稽山阳明洞，名因号阳明子。按会稽山即苗山，并无洞壑。凡禹井、禹穴、阳明洞类，只是石罅，并无托足处。旧诬以道人授书洞中，固大妄。今作传者且曰讲学阳明洞，则妄极矣。"（《王文成传本》卷一，第1—2页。）阳明洞是在冯梦龙所讲的四明山，还是在毛奇龄所言的会稽山？由此引发出阳明洞是否属实及阳明之号的问题。

冯梦龙对于四明山的描述多引自梅福《四明山记》，明代戴洄亲自勘验，有《四明辨并诗》(《明文海》卷一百一十三)。据《年谱》，正德八年(1513)，王阳明"从上虞入四明，观白水，寻龙谷之源"，遂自宁波还余姚。(《王阳明全集》卷三十三，第1363页。)白水即白水冲，与龙谷均在四明山。据《云笈七签》，道家三十六小洞天中第九为四明山洞，周回一百八十里，名曰丹山赤水天，在越州上余县；第十为会稽山洞，周回三百五十里，名曰阳明洞，在古越州山阴县。(《洞天福地》，《云笈七签》卷二十七，中华书局，2003年，第613页。)道家的阳明洞在会稽山，而非在四明山。

据黄绾《阳明先生行状》，"养病归越，辟阳明书院"(《阳明先生行状》，《王阳明全集》卷三十八，第1556页)，邹守益谓"辟阳明洞旧基为书屋"，黄绾与邹守益均为阳明重要弟子，此言可信度高。禹井、禹穴、阳明洞俱在会稽山，毛奇龄所言"禹井、禹穴、阳明洞只是石罅，并无托足处"，阳明洞的大小并不重要，关键在于王阳明是否在阳明洞附近造书屋、建书院。

陈来先生认为下文提及的五云门为绍兴府的正东门，与山阴为邻的萧山湘湖"去阳明洞方数十里"等证据，足以证明阳明洞在会稽山无疑。(陈来《有无之境：王阳明哲学的精神》，人民出版社，1991年，第369页。)"已卜居萧山之湘湖，去阳明洞方数十里耳。书屋亦将落成，闻之喜极。诚得良友相聚会，共进此道，人间更复有何乐！"(《与王纯甫》，《王阳明全集》卷四，第174

页。)此信下注明"壬申"(1512),距阳明建阳明洞已过去十二年,在此之前,阳明应居于阳明洞的旧基。此处阳明本人所讲是建设书屋,由此更印证了黄绾与邹守益之言。

另据王华的门人陆深所言:"正德壬申秋,以使事之余,迂道拜先生于龙山里第。扁舟载酒,相与游南镇诸山,乃休于阳明洞天之下,执手命之曰:'此吾儿之志也。大业日远,子必勉之。'"(《海日先生行状》,《王阳明全集》卷三十八,第1554页。)王华与陆深所游阳明洞天应该是新落成的书屋或书院,而真正讲学的盛况则发生在嘉靖癸未(1522)至丁亥(1527):"先生初归越时,朋友踪迹尚寥落,既后,四方来游者日进。癸未年已后,环先生而居者比屋,如天妃、光相诸刹,每当一室,常合食者数十人;夜无卧处,更相就席;歌声彻昏旦。南镇、禹穴、阳明洞诸山远近寺刹,徒足所到,无非同志游寓所在。先生每临讲座,前后左右环坐而听者,常不下数百人,送往迎来,月无虚日;至有在侍更岁,不能遍记其姓名者。"(《传习录下》,《王阳明全集》卷三,第134页。)阳明苦心经营的阳明洞真正发挥作用,也完成了王阳明早年在狱中"幽哉阳明麓,可以忘吾老"(《读易》,《王阳明全集》卷十九,第747页)的夙愿。综上,阳明洞在会稽山,王阳明在阳明洞附近造书屋、建书院,1512年基本建成,至1522年,阳明洞真正发挥了讲学的作用。阳明洞是王阳明的精神寄托,是阳明讲学的重要场所。

另据王阳明《和九柏老仙诗》,署名"弘治辛酉(1501)

仲冬望日,阳明山人王守仁识"。游九华在辟阳明洞之前一年,王阳明便有"阳明山人"的称号。(束景南《阳明佚文辑考编年》,上海古籍出版社,2012年,第110页。)王阳明可能很早就心系阳明洞,冯梦龙所讲的因隐居阳明洞而号"阳明"是不准确的。

/// 28

据王畿言阳明:"筑洞天精庐,日夕勤修炼习伏藏,洞悉机要,其于彼家所谓见性抱一之旨,非惟通其义,盖已尽得其髓矣。自谓尝于静中,内照形躯如水晶宫,忘己忘物、忘天忘地,与空虚同体,光耀神奇,恍惚变幻,似欲言而忘其所以言,乃真境象也。"(《滁阳会语》,《王畿集》卷二,凤凰出版社,2007年,第33页。)

/// 29

王思舆是阳明的早期道友,王思舆名文辕,号黄轝子,山阴人,习静隐居,励志力行,与阳明为莫逆。成化、弘治间,学者守成说,不敢有私议朱子者,故不见信于时,惟阳明与之为友,独破旧说,盖有所本云。及阳明先生领南赣之命,见黄轝子,黄轝子欲试其所得,每撼激之动,语人曰:"伯安自此可胜大事矣。盖其平生经世之志,于此见焉。"其后黄轝子殁,阳明方讲良知之学,人多非议之,叹曰:"使黄轝子在,于吾言必相契矣。"(见季本《王思舆传》,《季彭山先生文集》,《北京图书馆古籍珍本丛刊》第106册,书目文献出版社,1998年,第896页。)

/// 30

出自瞿佑（1347—1433）《西湖四时曲》，瞿佑为钱塘人，字宗吉，号存斋，有《存斋诗集》《剪灯新话》等著作。

/// 31

此为林逋所作《西湖》，《林和靖集》卷二，后一句又作"细风斜雨不堪听"。林逋"字君复，钱塘人，隐西湖之孤山，真宗闻其名，诏长吏岁时劳问，和靖其赐谥也。"（《四库提要·林和靖集》。）

/// 32

"嗟予瞻眺门墙外，何能仿佛窥室堂？也来攀附撷遗迹，三千之下，不知亦许再拜占末行。"（《泰山高次王内翰司献韵》，《王阳明全集》卷十九，第743页。）

/// 33

"某幼不问学，陷溺于邪僻者二十年，而始究心于老、释。赖天之灵，因有所觉，始乃沿周、程之说求之，而若有得焉。顾一二同志之外，莫予翼也，岌岌乎仆而后兴。晚得友于甘泉湛子，而后吾之志益坚，毅然若不可遏，则予之资于甘泉多矣。"（《别湛甘泉序》，《王阳明全集》卷七，第258页。）

/// 34

此处当来自前文阳明在阳明洞中行导引之法时之所悟："此孝弟一念，生于孩提，此念若可去，断灭种性矣。

此吾儒所以辟二氏。"

/// 35

出自朱子《行宫便殿奏札二》,《晦庵朱先生文公文集》卷十四。原文为:"此循序致精,所以为读书之法也。""此居敬持志,所以为读书之本也。"(《朱子全书》第12册,上海古籍出版社、安徽教育出版社,2002年,第669—670页。)

/// 36

据《文简穆玄庵先生孔晖》:"穆孔晖字伯潜,号玄庵,山东堂邑人。弘治乙丑进士,由庶吉士除简讨。为刘瑾所恶,调南京礼部主事。瑾败,复官。历司业、侍讲、春坊庶子、学士、太常寺卿。嘉靖己亥八月卒,年六十一,赠礼部右侍郎,谥文简。阳明主试山东,取先生为第一。""盖先生学阳明而流于禅,未尝经师门之锻炼,故阳明集中未有问答。"(《明儒学案》卷二十九,《黄宗羲全集》第7册,第739页。)

/// 37

王阳明《别湛甘泉序(壬申)》:"晚得友于甘泉湛子,而后吾之志益坚,毅然若不可遏,则予之资于甘泉多矣。""吾与甘泉友,意之所在,不言而会;论之所及,不约而同;期于斯道,毙而后已者。"(《王阳明全集》卷七,第257—258页。)另据湛若水所记:"正德丙寅,始归正于圣贤之学。会甘泉子于京师,语人曰:'守仁从宦三十年，未见此人。'甘泉子语人亦曰：'若水泛观于四方，未见此人。'遂相与定交讲学。"（《阳明先生墓志铭》，《王阳明全集》卷三十八，第1539页。）

貳

龙场悟道

正德元年，南京科道官戴铣、薄彦徽等上疏，言：「皇上新政，宜亲君子，远小人，不宜轻斥大臣，任用阉寺。」

弘治十八年，孝宗皇帝宴驾。武宗皇帝初即位，宠任阉人刘瑾等八人，号为八党。那八人？

刘瑾、谷大用、马永成、张永、

魏彬、罗祥、丘聚、高凤。

这八人自幼随侍武宗皇帝，在于东宫游戏，因而用事，刘瑾尤得主心。阁老刘健与台谏合谋去之，机不早断，以致漏泄。刘瑾与其党泣诉于上前，武宗皇帝听其言，反使刘瑾掌司礼监，斥逐刘健，杀忠直内臣王岳。由是权独归瑾，票拟任意，公卿侧目。

正德元年，南京科道官戴铣、薄彦徽等上疏，言："皇上新政，宜亲君子，远小人，不宜轻斥大臣，任用阉寺。"

刘瑾票旨："铣等出言狂妄，纽解来京勘问。"

先生目击时事，满怀忠愤，抗疏救之。略曰：

臣闻君仁则臣直，今铣等以言为责，其言如善，自宜嘉纳；即其未善，亦宜包容，以开忠说之路。今赫然下令，远事拘囚，在陛下不过少事惩创，非有意怒绝之也。下民无知，妄生疑惧，臣窃惜之！自是而后，虽有上关宗社安危之事，亦将缄口不言矣。伏乞追回前旨，俾铣等仍旧供职，明圣德无我之公，作臣子敢言之气。①

疏既入，触瑾怒，票旨下先生于诏狱，廷杖四十。瑾又使心腹人监杖，行杖者加力，先生几死而苏，谪贵州龙场驿驿丞。

龙山公时为礼部侍郎，在京，喜曰："吾子得为忠臣，垂名青史，吾愿足矣。"

是父是子。

明年，先生将赴龙场。瑾遣心腹人，一路尾其后，伺察其言动。先生既至杭州，值夏月天暑，先生又积劳致病，乃暂息于胜果寺。②妹婿徐曰仁来访，首拜门生听讲，又同乡徐爱、蔡宗、朱节、冀元亨、蒋信、刘观时等，皆来执贽问道，先生乐之。③

居两月余，忽一日午后，方纳凉于廊下，苍头皆出外，有大汉二人矮帽窄衫，如官较④状，腰悬刀刃，口吐北音，从外突入，谓先生曰："官人是王主事否？"

先生应曰："然。"

二较曰："某有言相告。"

即引出门外，挟之同行。

　　正德元年丙寅,时宦官刘瑾窃权纳贿,南京给事中戴铣等劾之,瑾差官校械锦衣狱。先生抗疏《乞宥言官去权奸以彰圣德》,具言:耳目不可使壅塞,手足不可使痿痹,在廷群臣岂无忧国爱君之心,而莫敢言者,惧以罪。铣等罪之,自今而后,虽有上关宗社危疑不制之事,陛下孰从而闻之?瑾怒,下于狱,矫诏廷杖五十,毙而复苏,谪贵州龙场驿驿丞。

先生问：“何往？”

二较曰：“但前行便知。”

先生方在病中，辞以不能步履。

二较曰：“前去亦不远，我等左右相扶可矣。”

先生不得已，任其所之。约行三里许，背后复有二人追逐而至。先生顾其面貌，颇似相熟。

二人曰：“官人识我否？我乃胜果寺邻人沈玉、殷计也。素闻官人乃当世贤者，平时不敢请见，适闻有官较挟去，恐不利于官人，特此追至，看官人下落耳。”

二较色变，谓沈、殷二人曰：“此朝廷罪人，汝等何得亲近？”

沈、殷二人曰：“朝廷已谪其官矣，又何以加罪乎？”

二较扶先生又行，沈、殷亦从之。天色渐黑，至江头一空室中，二较密谓沈、殷二人曰：“吾等实奉主人刘公公之命，来杀王公。汝等没相干人，可速去，不必相随也。”

沈玉曰：“王公今之大贤，令其死于刃下，不亦惨乎！且遗尸江口，必累地方，此事决不可行！”

二较曰：“汝言亦是。”

乃于腰间解青索一条，长丈余，授先生曰：“听尔自缢，何如？”

沈玉又曰：“绳上死与刀下死，同一惨也。”

二较大怒，各拔刀在手，厉声曰：“此事不完，我无以复命，亦必死于主人之手！”

殷计曰：“足下不必发怒，令王公夜半自投江中而死，既令全尸，又不累地方，足下亦可以了事归报，岂不妙哉？”

二较相对低语。少顷,乃收刀入鞘,曰:"如此庶几可耳。"

沈玉曰:"王公命尽此夜,吾等且沽酒共饮,使其醉而忘□□。"

二较亦许之,乃锁先生于室中。

先生呼沈、殷二人,曰:"我今夕固必死,当烦一报家人,收吾尸也。"

二人曰:"欲报尊府,必得官人手笔,方可准信。"

先生曰:"吾袖中偶有素纸,奈无笔何?"

二人曰:"吾当于酒家借之。"

沈玉与一较同往市中沽酒,殷计与一较守先生于门外。少顷,沽酒者已至,一较启门,身边各带有椰瓢,沈玉满斟送先生,不觉泪下。

先生曰:"我得罪朝廷,死自吾分,吾不自悲,汝何必为我悲乎?"

引瓢一饮而尽。殷计亦献一瓢,先生复饮之。先生量不甚弘,辞曰:"吾不能饮矣。既有高情,幸转进于远客,吾尚欲作家信也。"

沈玉以笔授先生,先生出纸于袖中,援笔写诗一首,诗曰:

学道无成岁月虚,

天乎至此欲何如。

生曾许国惭无补,

死不忘亲恨有余。

自信孤忠悬日月,

岂论遗骨葬江鱼?

百年臣子悲何极,

日夜潮声泣子胥。⑤

先生吟兴未已，再作一：

敢将世道一身担，

甘被生刑万死甘。

满腹文章宁有用，

百年臣子独无惭。

涓流禅海今真见，

片雪填沟旧齿谈。

昔代衣冠谁上品？

状元门第好奇男。

二诗之后，尚有绝命辞。甚长，不录。纸后作篆书十字云：

阳明已入水，沈玉、殷计报。

二较本不通文理，但见先生手不停挥，相顾惊叹，以为天才。先生且写且吟，四人互相酬劝，各各酩酊。将及夜半，云月朦胧，二较带着酒兴，逼先生投水。先生先向二较谢其全尸之德，然后径造江岸，回顾沈、殷二人曰："必报我家，必报我家。"

言讫，从沙泥中步下江来。二较一来多了几分酒，二来江滩潮湿，不便相从。乃立岸上，远而望之，似闻有物堕水之声，谓先生已投江矣。一响之后，寂然无声。立了多时，放心不下，遂步步挣下滩来，见滩上脱有云履一双，又有纱巾浮于水面，曰："王主事果死矣。"

欲取二物以去。

沈玉曰："留一物在，使来早行人人见之，知王公堕水。传说至京都，亦可作汝等证见也。"

二较曰："言之有理。"

遂弃履，只捞纱巾带去，各自分别。

至是夜，苍头回胜果寺，不见先生，问之主僧，亦云不知。乃连夜提了行灯，各处去找寻了一回，不见一些影响。其年丁卯，乃是乡试之年，先生之弟守文在省应试，仆人往报守文。守文言于官，命公差押本寺僧四出寻访，恰遇沈、殷二人亦来寻守文报信。守文接了绝命词及二诗，认得果其兄亲笔，痛哭了一场。未几，又有人拾得江边二履报官。官以履付守文，众人轰传，以为先生真溺死矣。守文送信家中，合家惊惨，自不必说。

沈玉尽通。何处无义士。

龙山公遣人到江边遗履之处，命渔舟捞尸，数日无所得。门人闻者无不悼惜，惟徐爱言先生必不死，曰："天生阳明，倡千古之绝学，岂如是而已耶？"

孔子于颜回，师信其弟；徐爱于阳明，弟信其师。

却说先生果然不曾投水，他算定江滩是个绝地，没处走脱，二较必然放心。他有酒之人，怎走得这软滩？以此独步下来，脱下双履，留做证见，又将纱巾抛弃水面，却取石块向江心抛去。黄昏之后，远观不甚分明，但闻扑通声响，不知真假，便认做了事。不但二较不知，连沈玉、殷计亦不知其未死也。

先生却沿江滩而去，度其已远，藏身于岸坎之下。次日，趁个小船，船子怜其无履，以草履赠之。七日之后，已达江西广信府。行至铅山县，其夜复搭一船。一日夜，到一个去处，登岸问之，乃是福建北界矣。舟行之速，疑亦非人力所及。巡海兵船见先生状貌不似商贾，疑而拘之。

先生曰："我乃兵部主事王守仁也。因得罪朝廷受廷杖，贬为贵州龙场驿驿丞。自念罪重，欲自引决，投身于钱塘江中，遇一异物，鱼头人身，自称巡江使者，言奉龙王之命，前来相迎。我随至龙宫，龙王降阶迎接，言我异日前程尚远，命不当死，以酒食相待，即遣前使者送我出江，仓卒之中，附一舟至此，送我登岸，舟亦不见矣。不知此处离钱塘有多少程途？我自江中至此，才一日夜耳。"

兵士异其言，亦以酒食款之，即驰一人往报有司。先生恐事涉官府，不能脱身，捉空潜遁，从山径无人之处狂奔三十余里，至一古寺。天已昏黑，乃叩寺投宿。寺僧设有禁约，不留夜客歇宿。寺傍有野庙久废，虎穴其中。行客不知，误宿此庙，遭虎所啖。次早，寺僧取其行囊自利，以为常事。先生既不得入寺，乃就宿野庙之中，饥疲已甚，于神案下熟寝。夜半，群虎绕庙环行，大吼，无敢入者，天明寂然。寺僧闻虎声，以为夜来借宿之客已厌虎腹，相与入庙，欲简其囊。先生梦尚未醒，僧疑为死人，以杖微击其足，先生蹶然而起。

僧大惊曰："公非常人也！不然，岂有入虎穴而不伤者乎？"

先生茫然不知，问："虎穴安在？"

僧答曰："即此神座下是矣。"

僧心中惊异，反邀先生过寺朝餐。

餐毕，先生偶至殿后，先有一老道者打坐，见先生来，即起相讶

　　正德二年丁卯春,先生以被罪未敢归家,留寓
钱塘胜果寺养病。瑾怒未得逞,遣四人谋致之死。
一旦,挟先生至山顶,吐实曰:"我辈观公动止,何
忍加害? 公必有良策,使我得反报。"先生曰:"吾
欲遁世久矣。明日吊我于江之滨。"夜留题于壁,
从间道登海舟。从者求弗得,与乡人沿哭于江。海
舟,绍兴采柴者,往返如期。是夜,飘入闽中,备海
兵捕之,微服奔岸,乞食于僧寺。

曰:"贵人还识无为道者否?"

先生视之,乃铁柱宫所见之道者,容貌俨然如昨,不差毫发。

道者曰:"前约二十年后相见于海上,不欺公也。"

先生甚喜,如他乡遇故知矣。因与对坐,问曰:"我今与逆瑾为难,幸脱余生。将隐姓潜名,为避世之计。不知何处可以相容?望乞指教。"

道者曰:"汝不有亲在乎?万一有人言汝不死,逆瑾怒,逮尔父,诬以北走胡,南走越,何以自明?汝进退两无据矣。"

因出一书示先生,乃预写就者。诗曰:

二十年前已识君,

今来消息我先闻。

君将性命轻毫发,

谁把纲常重一分?

寰海已知夸令德,

皇天终不丧斯文。

英雄自古多磨折,

好拂青萍建大勋。

先生服其言,且感其意,乃决意赴谪。索笔,题一绝于殿壁。诗曰:

险夷原不滞胸中,

何异浮云过太空!

夜静海涛三万里,

　　先是,余姚诸公养和为江西参议,先生就婚贰
室,尝遇一道士于玄妙观,约二十年后再见海上。
至是僧延入寺,道士迎笑曰:"候此久矣!"出诗以
赠,有"二十年前曾见君,今来消息我先闻"之句。
先生告以将远遁。曰:"尔有亲在,万一瑾怒,追尔
父,诬尔北走胡,南走越,则族且赤矣。"先生瞿然,
乃相与斋戒揲蓍,得箕子之《明夷》,遂决策从上饶
以归。⑥

月明飞锡下天风。⑦

先生辞道者，欲行。道者曰："吾知汝行资困矣。"乃于囊中出银一锭为赠。⑧

先生得此盘缠，乃从间道游武夷山，出铅山，过上饶，复晤娄一斋。

一斋大惊曰："先闻汝溺于江，后又传有神人相救，正未知虚实。今日得相遇，乃是斯文有幸！"

先生曰："某幸而不死，将往谪所，但恨未及一见老父之面，恐彼忧疑成病，以此介介耳。"

娄公曰："逆瑾迁怒于尊大人，已改官南京宗伯矣。此去归途便道，可一见也。"

先生大喜。娄公留先生一宿，助以路费数金。

先生径往南京，省觐龙山公。父子相见，出自意外，如枯木再花，不胜之喜。居数日，不敢久留，即辞往贵州，赴龙场驿驿丞之任。携有仆从三人，始成行李模样。⑨

龙场地在贵州之西北，宣慰司所属，万山丛棘中，蛇虺成堆，魑魅昼见，瘴疠蛊毒，苦不可言。夷人语言，又皆鸠舌难辩。居无宫室，惟累土为窟，寝息其中而已。夷俗尊事蛊神，有中土人至，往往杀之以祀神，谓之祈福。

先生初至，夷人欲谋杀先生，卜之于神，不吉。夜梦神人，告曰："此中土圣贤也。汝辈当小心敬事，听其教训。"

三年戊辰四月,萍乡谒濂溪祠,游岳麓,得霁,作《吊屈平赋》,泛沅湘,道常德、辰州以入龙场。诸生冀元亨等谒先生讲学,及归,复留虎溪龙兴寺。尝贻书诸生曰:近世士大夫亦知求道,而实德未成,先标榜以来谤,宜刊落声华,于切己处着实用力。前所云静坐,非欲坐禅入定,因平日为事物纷拏,欲以此补小学收放心一段工夫。⑩

一夕而同梦者数人,明旦转相告语。于是有中土往年亡命之徒能通夷语者,夷人央之通语于先生,日贡食物,亲近欢爱如骨肉。

先生乃教之范木为墼,_{音激}。架木为梁,刈草为盖,建立屋宇。人皆效之,于是一方有栖息之所。夷人又以先生所居湫隘卑湿,别为之伐木构室,宽大其制。于是有寅宾堂、何陋轩、君子亭、玩易窝,统名曰龙冈书院。翳之以桧竹,莳之以卉药。先生日夕吟讽其中,渐与夷语相习,乃教之以礼义孝悌,亦多有他处夷人特来听讲,先生息心开导,略无倦怠之色。

龙场之谪,先生之不幸,贵州之大幸也。

久之,得家信,言逆瑾闻先生不死,且闻父子相会于南都,益大恚忌,矫旨,勒龙山公致仕还乡。

先生曰:"瑾怒尚未解也。得失荣辱,皆可付于度外。惟生死一念,自省未能超脱。"

乃于居后凿石为椁,昼夜端坐其中,胸中洒然,若将终身,夷狄、患难俱忘之矣。⑪

仆人不堪其忧,每每患病,先生辄宽解之。又或歌诗制曲,相与谐笑,以适其意。因思:"设使古圣人当此,必有进于此者,吾今终未能免'排遣'二字,吾于格致工夫未到也。"

忽一夕,梦谒孟夫子。孟夫子下阶迎之,先生鞠躬请教。孟夫子为讲"良知"一章,⑫千言万语,指证亲切,梦中不觉叫呼,仆从伴睡者俱惊醒。自是,胸中始豁然大悟。叹曰:"圣贤左右逢源,只取用此'良知'二字。所谓格物,格此者也;所谓致知,致此者也。不思而得,得甚么? 不勉而中,中甚么? 总不出此良知而已。惟其为良知,所

　　龙场，古夷蔡之外。先生至，无可居。茇于丛
棘，继迁东峰，就石穴。从者俱病，自折薪取水为
糜以调之。夷人卜盅神进毒，神曰："天人也，彼不
害尔，尔何为害彼？"乃相率罗拜。先生和易诱谕
之，遂伐木架屋，作寅宾堂⑬、何陋轩、君子亭、玩
易窝，为终身计。诸生闻之，皆亦来集。稍暇，作《五
经臆说》，体验探求，一夕如神启，悟致知格物之
旨，证诸六经四子，沛然若决江河。

诵游适之道略具。学士之来游者，亦稍稍而集于是。人之及吾轩者，若观于通都焉，而予亦忘予之居夷也。因轩扁曰「何陋」，以信孔子之言也。嗟夫！诸夏之盛，其典章礼乐，历圣修而传之，夷不能有也，则谓之陋固宜。于后蔑道德而专法令，搜抉钩繫之术穷，而狡匿谲诈，无所不至，浑朴尽矣。夷之民方若未琢之璞，未绳之木，虽粗砺顽梗，而椎斧尚有所施也，安可以陋之？斯孔子所谓「欲居」也欤？虽然，典章文物则亦胡可以无讲？今夷之俗，崇巫而事鬼，渎礼而任情，不中不笄，卒未免于陋之名，则亦不讲于是耳。然此无损于其质也。诚有君子而居焉，其化之也盖易。而予非其人也，记之以俟来者，其容仁谪居龙场，久而乐之，聊寄此以慰舜功文玉远怀。

何陋轩记

昔孔子欲居九夷，人以为陋。孔子曰：「君子居之，何陋之有？」守仁以罪谪龙场。龙场，古夷蔡之外，于今为要缴，而习类尚因其故。人皆以为予自上国而往，将陋其地，弗能居也。而予处之旬月，安而乐之，求其所谓甚陋者而莫得。独其结绳鸟言，山棲羝服，无轩裳官室之观、文仪揖让之缛。然此犹淳庬质素之遗焉。盖古之时，法制未备，则有然矣，不得以为陋也。夫爱憎面背，乱白黯黑，浚奸穷黠，外良而中螫，诸夏盖不免焉。若是而陋，则陋固不在于是也。乎？夷之人乃不能此，其好言恶詈，直情率遂，则有矣。世徒以言辞物采之眇而陋之，吾不谓然也。始予至，无室以止，处于丛棘之间，则郁也。迁于东峰，就石穴而居之，又阴以湿。龙场之民，老稚日来，视予喜，不予陋，益乎比。予尝圃于丛棘之后，民谓予之乐之也，相与伐木阁之材，就其地为轩以居予。予因而翳之以檾竹，莳之以卉药；列堂阶，辨室奥，环玤植以修编琴图史，讲以得不由思,中不由勉。若舍本性自然之知,而纷逐于闻见,纵然想得着,做得来,亦如取水于支流,终未达于江海,不过一事一物之知,而非原原本本之知。试之变化,终有窒碍,不由我做主。必如孔子'从心不踰矩',方是良知满用。故曰:'无入而不自得焉。'如是,又何有穷通荣辱死生之见得以参其间哉?"⑭

于是,默记"五经"以自证其旨,无不吻合,因著《五经臆说》。⑮

水西安宣慰闻先生之名,遣使馈米肉,又馈鞍马金帛,先生俱辞不受。夷人传说,益加敬礼。时正德三年,先生三十七岁事也。

明年癸巳⑯,贵州提学副使席书,号元山,亦究心于理学。素重先生之名,特遣人迎先生入于省城,叩以:"致知力行是一层工夫,还是两层工夫?"

先生曰:"知行本自合一,不可分为两事。就如称其人知孝知弟,必是已行过孝弟之事,方许能知。又如知痛,必然已自痛了;知寒,必然已自寒了。知是行的主意,行是知的工夫。古人只为世人贸贸然胡乱行去,所以先说个知,不是画知行为二也。若不能行,仍是不知。"⑰

席公大服,乃建立贵阳书院,身率合省诸生以师礼事之,有暇即来听讲。先生乃大畅良知之说。

正德五年,安化王寘鐇反,以诛刘瑾为名。朝廷遣都御史杨一清、太监张永率师讨之,未至,而寘鐇已为指挥使仇钺用谋擒缚。一清因献俘,阴劝张永以瑾恶密奏,永从之。武宗皇帝听张永之言,族瑾家,并诛其党张文冕等。凡因瑾得官者尽皆罢斥,召复直谏诸臣,先生得升庐陵县知县。临行之际，缙绅士民送者数千人，俱依依不舍。过常德、辰州，一路讲学，从游者甚众。有《睡起写怀》诗为证：

红日熙熙春睡醒，

江云飞尽楚山青。

闲观物态皆生意，

静悟天机入窅冥。

道在险夷随地乐，

心忘鱼鸟自流形。

未须更觅羲皇事，

一曲沧浪击壤听。[18]

先生时年三十九岁。

既至庐陵，为政不事刑威，惟以开导人心为本。慎选里正三老，坐申明亭，凡来讼者，使之委曲劝谕。百姓有盛气而来，涕泣而归者。由是囹圄日清，风俗大变。[19]

城中失火，先生公服下拜，天为之反风。乃令城市各辟火巷，火患永绝。

是冬，入觐，馆于大兴隆寺，与湛甘泉、储柴墟讳巏。等讲致良知之旨。进士黄宗贤等闻其说而叹服，遂执贽称门生听讲。

十二月，升南京刑部主事。湛甘泉恐废讲聚，言于冢宰杨一清。

如此邑令，地方幸矣，朝廷积谷助饷将何从出？呜呼！此今日所以无贤令也。

明年正月，即调北京吏部验封司主事。时有吏部郎中方叔贤讳献夫，位在先生之上，闻先生论学有契，遂下拜，事以师礼。先生赠以诗云：

> 休论寂寂与惺惺，
> 不妄由来即性情。
> 却笑殷勤诸老子，
> 翻从知见觅虚灵。[20]

是年十月，升文选司员外。明年三月，升考功司郎中。弟子益进，如穆孔晖、冀元亨、顾应祥、郑一初、王道、梁谷、万潮、陈鼎、魏廷霖、萧鸣凤、林达、黄绾、应良，皆一时之表表者，余人不可尽述。徐爱等亦至京师，一同受业。

先生尝言："格物是诚意的工夫，明善是诚身的功夫，穷理是尽性的功夫，道问学是尊德性的功夫，博文是约礼的功夫，惟精是惟一的功夫。"[21]

诸如此类，乍闻之，亦自骇然。其后思之既久，转觉亲切不可移动。

十二月，升南京太仆寺少卿，驻扎滁州，专督马政，便道归省。未几，至滁州。门人从者颇众。地僻官闲，日与门人游邀琅琊山在州城。瀼泉即六一泉。之间。月夕，则环龙潭在龙蟠山。而坐者数百人，歌声振谷。诸生随地请益，先生就眼前点化，各有所得。[22]于是，从游益盛。[23]

正德九年四月，升南京鸿胪寺卿。滁阳诸友送至江浦，不忍言别，

良知一以贯之，正此谓也。

　　五年庚午，先生自宜春，以三月至庐陵。谕父
老子弟以诚信相处，凡诉者周悉区画，俾咸得其
平。督庠序，以崇正学，选教读以教童稚。暇则练
兵壮，亲肄以技艺。民病疫，命医携药户疗之。邑
南左隅及钟楼前两遇火，亲临拜以祷，反风而灭。

遂各赁居,候先生渡江。先生以诗促之使归,诗曰:

滁之水,

入江流。

江潮日复来滁州。

相思若潮水,

来往何时休?

空相思,

亦何益?

欲慰相思情,

不如崇令德。

掘地见泉水,

随处无弗得,

何必驱驰为?

千里远相即。

君不见尧羹与舜墙,

又不见孔与跖对面不相识?

逆旅主人多殷勤,

出门转盼成路人。[24]

五月,至南京,徐爱等相从,又有黄宗明、薛侃、陆澄、季本、萧惠、饶文璧、朱虎[25]等二十余人,一同受业。

　　九年甲戌夏，升南京鸿胪寺卿。弟守文来学，

作《立志说》。㉟门人季本、薛侃、黄宗明、马明衡、

周绩、陆澄、刘晓、郭庆、栾惠等，讲学日众。

注释

/// 1

《乞宥言官去权奸以章圣德疏（正德元年，时官兵部主事）》，《王阳明全集》卷九，第323—324页。疏中并未提刘瑾，但"去权奸"似指刘瑾而言。据杨一清《海日先生墓志铭》："明年改元，丙寅，瑾贼窃柄，士夫侧足立，争奔走其门，求免祸。公独不往。瑾衔之。时伯安为兵部主事，疏瑾罪恶。瑾矫诏执之，几毙廷杖，窜南荒以去。瑾复移怒于公。"（《王阳明全集》卷三十八，第1535页。）王世贞考辨说："当时王公止是救南京给事中戴铣等，初与瑾无深仇，何必作此狡狯？""《双溪杂记》言：王伯安奏刘瑾，被挞几死，谪龙场驿丞，以此名闻天下。杨文襄公作《王海日公华墓志铭》，其说亦同而加详。考之国史与《王文成公年谱》《行状》《文集》，止是救南京给事中戴铣等忤刘瑾，下狱杖谪，本无所谓劾瑾也。夫以杨文襄之在吏部，用文成为属，王恭襄之在本兵，与文成若一人，而卤莽乃尔，安在其为野史家乘耶？"（王世贞《史乘考误八》，《弇山堂别集》卷二十七，中华书局，1985年，第480—481页。）

/// 2

王阳明先是在静慈寺（净慈寺），后移居胜果寺。据《卧病静慈写怀》："卧病空山春复夏，山中幽事最能知。雨晴阶下泉声急，夜静松间月色迟。把卷有时眠白石，解缨随意濯清漪。吴山越峤俱堪老，正奈燕云系远思！"《移居胜果寺二首》有云："半空虚阁有云住，六月深松无暑来。病肺正思移枕簟，洗心兼得远尘埃。""病余岩阁坐朝曦，异景相新得未闻。"（《王阳明全集》卷十九，第756—757页。）

/// 3

日本翻刻本此处有眉批："曰仁即徐爱字，此为二人者，误矣。"

冯梦龙此段话存疑有三：其一，徐爱即徐曰仁，为阳明妹婿；其二，蔡宗应为蔡宗兖；其三，冀元亨、蒋信、刘观时并非至浙江问学。

徐爱（1487—1517），字曰仁，号横山，余姚横河马堰人，正德二年，在山阴师从阳明。蔡宗兖（1474—1549），字希渊（颜），号我斋，山阴白洋人。"时闻先师倡道阳明山中，乃偕守忠往受业焉。因与余姚徐君曰仁为三友，刊落繁芜，学务归一。"（《奉议大夫按察司提学佥事蔡公墓志铭》，《季彭山先生文集》，《北京图书馆古籍珍本丛刊》第106册，第890页。）朱节，字守忠(中),号白浦,浙江山阴人。据王阳明《别三子序(丁卯)》,"盖自近年而又得蔡希颜、朱守忠于山阴之白洋,得徐曰仁于余姚之马堰。曰仁,予妹婿也。希颜之深潜,守中之明敏,曰仁之温恭,皆予所不逮。"(《王阳明全集》卷七,第252页。)另据《明儒学案》,"正德丁卯(1507),徐横山、蔡我斋、朱白浦三先生举于乡,别文成而北"。"盖三先生皆以丁卯来学,文成之弟子未之或先者也。癸酉(1513),三先生从文成游四明山。我斋自永乐寺返,白浦自姐溪返,横山则同入雪窦,春风沂水之乐,真一时之盛事也。横山为弟子之首,遂以两先生次之。"(《提学蔡我斋先生宗兖、御史朱白浦先生节》,《明儒学案》卷十一,第252页。)

冀元亨、蒋信、刘观时皆属楚中王门,三人并非于杭州从学阳明。据《明儒学案》,楚中王门"道林、闇斋、刘观时出自武陵,故武陵之及门,独冠全楚。观徐曰仁《同游德山诗》,王文鸣应奎、胡珊鸣玉、刘瑃德重、杨初介诚、何凤韶汝谐、唐演汝渊、龙起霄正之,尚可考也。然道林实得阳明之传。"(《楚中王门学案》,《明儒学案》卷二十八,《黄宗羲全集》第7册,第727页。)考徐爱《同游德山诗序》:"正德乙亥(1515)春正月壬午,与予同游德山者十有四人。杜世荣仁夫则浙人,余皆武陵人士也。"(《横山遗集》卷上,《徐爱 钱德洪 董澐集》,凤凰出版社,2007年,第66页。)据此,楚中学者大规模的从学阳明在正德十年乙亥。

"冀元亨,字惟乾,号闇斋,楚之武陵人。阳明谪龙场,先生与蒋道林往师焉。从之庐陵,逾年而归。"(《孝廉冀闇斋先生元亨》,《楚中王门学案》,《明儒学案》卷二十八,《黄宗羲全集》第7册,第737页。)"阳明在龙场,见先生之诗而称之,先生遂与闇斋师事焉。"(《金宪蒋道林先生信》,《楚中王门学案》,《明儒学案》卷二十八,《黄宗羲全集》第7册,第729页。)据赴谪诗(正德丁卯,即1507年),《广信元夕蒋太守舟中夜话》(《王阳明全集》卷十九,第758页),阳明赴龙场之前已与蒋信相识。

/// 4

"较",通"校"。

/// 5

王世贞录此诗及其事:"寓杭州胜果寺。一夕,梦使者持书二缄付伯安,启之,一书'沧浪之水清兮,可以濯我缨。伍员名。'一画水上覆一舟,后题'屈平',止二字。既觉,越三日,昼见二军校至,有旨:'赐汝溺,不可缓。'窘迫之,伯安恳告校曰:'少间须臾,留诗于世,以俟命绝。'乃以纸展几上,题一律云:'学道无成岁月虚,天乎至此复何如。身曾许国生无补,死不忘亲痛有余。自信孤忠悬日月,岂知余骨葬江鱼?百年臣子悲何极,日夜潮声泣子胥。'更有《告终词》一篇,不及录。书罢,为二校面缚,挟至江边投之。伯安初入水,即得物负之,不能沉,漂荡凡七昼夜,所见如画中。伯安惊慌,莫知所之。舟偶及岸,见一老人率四卒来,云:'汝何致此狼狈?吾当为汝解缚登岸。'伯安拜谢,因问老人

曰：'此当何处？'老人曰：'福建界也.'伯安告曰：'愿
公护某至彼.'老人曰：'此去福建尚远，不能猝达，当
送君往广信.'乃命四卒共往，异之去如飞，不半日已抵
广信矣。老人复在彼，率诣僧寺，僧闻其名，延款甚恭。
伯安问僧曰：'老人在何处？请来同坐.'又谓僧曰：
'我馁甚，乞饭少许.'且嘱先饭四卒。僧觅之，皆不
见。询僧：'自岸至此，为程几何？'僧曰：'千里.'曰：
'自辰及午，迅速若是，信为神祐也.'食罢，僧达郡邑，
皆馆谷之。即移文浙省，差人迎候，恍惚若梦寐中。人
谓伯安志慕神仙，故堕此福地也。""异人所赠诗，后六
句予能记之，云：'君将性命轻毫发，谁把纲常重昆仑？
寰海已知夸令德，皇天终不丧斯文。武夷山下经行处，
好把椒浆荐夕曛.'疑亦王公所托言也。"（《史乘考误
八》，《弇山堂别集》卷二十七，第479—480页。）

/// 6

冯梦龙与邹守益均提到和尚视虎穴，道士久候。黄绾
则将和尚与道士合为一人，并未提及二十年南昌道士
事："瑾怒未释。公行至钱塘，度或不免，乃托为投江，
潜入武夷山中，决意远遁。夜至一山庵投宿，不纳。行
半里许，见一古庙，遂据香案卧。黎明，道士特往视
之，方熟睡。乃推醒曰：'此虎狼穴也，何得无恙？'因
诘公出处，公乃吐实。道士曰：'如公所志，将来必有
赤族之祸.'公问：'何以至此？'道士曰：'公既有名朝
野，若果由此匿迹，将来之徒假名以鼓舞人心，朝廷寻
究汝家，岂不致赤族之祸？'公深然其言。"（黄绾《阳

明先生行状》,《王阳明全集》卷三十八,第1556—
1557页。)

/// 7

《泛海》,《王阳明全集》卷十九,第757页。诗中藏有
"明""夷",或与道士卜《明夷》卦有关。

/// 8

关于阳明赴谪途中的传奇,毛奇龄则予以否决,认为王
阳明"时径之龙场,而谱状乃尽情诳诞,举凡遇仙遇佛,
无可乘间撼入者,皆举而撼之。于此二十年前、三十年
后,开关闭关,随意胡乱。亦思行文说事,俱有理路。
浙江一带水与福建武夷、江西鄱阳俱隔仙霞、常玉诸岭
峤,而岭表车筏尤且更番叠换,并非身跨鱼鳖可泛泛而
至其地者。即浙可通海,然断无越温、台、鄞、鄮,不驾
商舶得由海入闽之理。且阳明亦人耳,能出游魂,附鬼
伥,朝游丹山,暮飞铁柱,何荒唐也!"(《王文成传本》
卷一,第4页。)毛奇龄是从现实的情况出发,进而否定
阳明传说的种种奇异之处。

赴谪途中的传奇,可能是王阳明为摆脱刘瑾追杀所使
用的计谋,据其好友湛若水回忆:人或告曰:"阳明公至
浙,沉于江矣,至福建始起矣。登鼓山之诗曰:'海上曾
为沧水使,山中又拜武夷君。'有征矣。"甘泉子闻之,
笑曰:"此佯狂避世也。"故为之作诗,有云:"佯狂欲浮
海,说梦痴人前。"及后数年,会于滁,乃吐实。彼夸虚
执有以为神奇者,乌足以知公者哉?(《阳明先生墓志

铭》,《王阳明全集》卷三十八,第1504页。)由此可见,
沉江、浮海之说可能确实肇始于阳明本人,以此摆脱刘
瑾的追杀。冈田武彦总结为:"王阳明为了从刺客手中
逃脱,曾假装跳钱塘江自杀,并隐匿在家乡附近的一座
山中,后瞅准时机,经过广信府,前往龙场。"(《王阳明
大传:知行合一的心学智慧》,重庆出版社,2015年,第
232页。)

另据《玉山东岳庙遇旧识严星士》,"行藏无用君平卜,
请看沙边鸥鹭群"(《王阳明全集》卷十九,第758页),
以及藏有《明夷》卦的《泛海》诗等,透露出神奇荒诞
背后的某些事实依据。总之,赴谪途中的传奇既不可
尽信,亦不可像毛奇龄那样一概否决。

/// 9

按冯梦龙所言,王阳明赴龙场路线依次为:北京、杭州、
广信、铅山、福建北、武夷山、铅山、上饶、南京、龙场。
黄绾《阳明先生行状》,"公行至钱塘,度或不免,乃托
为投江,潜入武夷山中,决意远遁"。"尝有诗云:'海上
曾为沧水使,山中又拜武夷君。'遂由武夷至广信,溯
彭蠡,历沅、湘,至龙场。"(《王阳明全集》卷三十八,
第1556—1557页。)"海上曾为沧水使,山中又拜武夷
君。"又作"海上真为沧水使,山中又遇武夷君"。(《王
阳明全集》卷十九,第757页。)按此,王阳明赴龙场
路线为:北京、钱塘、武夷山、广信、彭蠡、沅江、湘江、
龙场。

据《年谱》:"先生至钱塘,瑾遣人随侦。先生度不免,

乃托言投江以脱之。因附商船游舟山，偶遇飓风大作，一日夜至闽界。比登岸，奔山径数十里，夜扣一寺求宿，僧故不纳。趋野庙，倚香案卧，盖虎穴也。夜半，虎绕廊大吼，不敢入。黎明，僧意必毙于虎，将收其囊；见先生方熟睡，呼始醒，惊曰：'公非常人也！不然，得无恙乎？'邀至寺。寺有异人，尝识于铁柱宫，约二十年相见海上；至是出诗，有'二十年前曾见君，今来消息我先闻'之句。与论出处，且将远遁。其人曰：'汝有亲在，万一瑾怒，逮尔父，诬以北走胡，南走粤，何以应之？'因为蓍，得《明夷》，遂决策返。先生题诗壁间曰：'险夷原不滞胸中，何异浮云过太空。夜静海涛三万里，月明飞锡下天风。'因取间道，由武夷而归。时龙山公官南京吏部尚书，从鄱阳往省。十二月返钱塘，赴龙场驿。"（《王阳明全集》卷三十三，第1353—1354页。）按此，王阳明赴龙场路线为：北京、钱塘、福建、武夷山、鄱阳、南京、钱塘、龙场。

据王阳明《咎言》："正德丙寅冬十一月，守仁以罪下锦衣狱。"（《王阳明全集》卷十九，第732页。）王阳明下锦衣狱出狱后，赴谪诗次序如下：《赴谪次北新关喜见诸弟》《卧病静慈写怀》《移居胜果寺二首》《泛海》《武夷次壁间韵》《草萍驿次林见素韵奉寄》《玉山东岳庙遇旧识严星士》《广信元夕蒋太守舟中夜话》《夜泊石亭寺用韵呈陈娄诸公因寄储柴墟都宪及乔白岩太常诸友》《过分宜望钤冈庙》《袁州府宜春台四绝》《萍乡道中谒濂溪祠》《宿萍乡武云观》《醴陵道中风雨夜宿泗州寺次韵》《长沙答周生》《陟湘于迈岳麓是尊仰止

先哲因怀友生丽泽兴感伐木寄言二首》《游岳麓书事》
（"醴陵西来涉湘水，信宿江城沮风雨。"）《天心湖阻泊
既济书事》（"挂席下长沙，瞬息百余里。舟人共扬眉，
予独忧其驶。日暮入沅江，抵石舟果圮。"）（《王阳明
全集》卷十九，第756—765页。）由《广信元夕蒋太守
舟中夜话》可知，至广信时值正月十五，后续赴谪路线
应发生在丁卯，依次为江西分宜、宜春、萍乡，湖南醴
陵、长沙、沅江，至龙场。陈来先生认为这一路线并无
《年谱》与冯梦龙所言的至南京省亲之迹。（陈来《有无
之境：王阳明哲学的精神》，第345页。）

王阳明在赴龙场前经过广信，娄谅于弘治辛亥（1491）
五月二十七日去世，不可能在正德年间再与阳明会面。
但娄谅之子娄忱亦热衷于讲学，从游者甚众。王阳明
在广信时正值正月十五，是很有可能去拜访他的启蒙
恩师的故地，或许当时接待他的正是娄忱，或者是娄谅
的其他弟子。

/// 10

"近世士夫亦有稍知求道者，皆因实德未成而先揭标
榜，以来世俗之谤，是以往往隳堕无立，反为斯道之
梗。诸友宜以是为鉴，刊落声华，务于切己处着实用
力。前在寺中所云静坐事，非欲坐禅入定。盖因吾辈
平日为事物纷挈，未知为己，欲以此补小学收放心一
段功夫耳。"（《与辰中诸生》，《王阳明全集》卷四，第
162页。）

/// 11

"凿石为椁"，当据黄绾《阳明先生行状》："公于一切得失荣辱皆能超脱，惟生死一念，尚不能遣于心，乃为石椁，自誓曰：'吾今惟俟死而已，他复何计？'日夜端居默坐，澄心精虑，以求诸静一之中。一夕，忽大悟，踊跃若狂者。"（《王阳明全集》卷三十八，第1557页。）石椁当指天然洞穴玩易窝，王阳明龙场悟道得益于《周易》，无论是在狱中、赴谪途中，还是龙场，《周易》成为王阳明的精神支柱：如狱中诗："囚居亦何事？省愆惧安饱。瞑坐玩羲《易》，洗心见微奥。"（《读易》，《王阳明全集》卷十九，第747页。）赴谪诗："羊肠亦坦道，太虚何阴晴？灯窗玩古《易》，欣然获我情。起舞还再拜，圣训垂明明。拜舞讵逾节？顿忘乐所形。敛衽复端坐，玄思窥沉溟。寒根固生意，息灰抱阳精。"（《杂诗三首》之三，《王阳明全集》卷十九，第760页。）龙场《玩易窝记》："阳明子之居夷也，穴山麓之窝而读《易》其间。始其未得也，仰而思焉，俯而疑焉，函六合，入无微，茫乎其无所指，孑乎其若株。其或得之也，沛兮其若决，瞭兮其若彻，蓲淤出焉，精华入焉，若有相者而莫知其所以然。其得而玩之也，优然其休焉，充然其喜焉，油然其春生焉。精粗一，外内翕，视险若夷，而不知其夷之为阨也。于是阳明子抚几而叹曰：'嗟乎！此古之君子所以甘囚奴，忘拘幽，而不知其老之将至也夫！吾知所以终吾身矣。'名其窝曰'玩易'。"（《王阳明全集》卷三十八，第988—989页。）

/// 12

据《孟子·尽心上》：孟子曰："人之所不学而能者，其良能也；所不虑而知者，其良知也。孩提之童，无不知爱其亲者；及其长也，无不知敬其兄也。亲亲，仁也；敬长，义也。无他，达之天下也。"

/// 13

"寅宾堂"，应作"宾阳堂"。王阳明《宾阳堂记》云："传之堂东向曰'宾阳'，取《尧典》'寅宾出日'之义。"（《王阳明全集》卷二十三，第986—987页。）黄绾《阳明先生行状》亦称"宾阳堂"。（《王阳明全集》卷三十八，第1557页。）

/// 14

据《年谱》，"三年戊辰，先生三十七岁，在贵阳"。"是年始悟格物致知。""时瑾憾未已，自计得失荣辱皆能超脱，惟生死一念尚觉未化，乃为石椁自誓曰：'吾惟俟命而已！'日夜端居澄默，以求静一；久之，胸中洒洒。而从者皆病，自析薪取水作糜饲之；又恐其怀抑郁，则与歌诗；又不悦，复调越曲，杂以诙笑，始能忘其为疾病夷狄患难也。因念：'圣人处此，更有何道？'忽中夜大悟格物致知之旨，寤寐中若有人语之者，不觉呼跃，从者皆惊。始知圣人之道，吾性自足，向之求理于事物者，误也。"（《王阳明全集》卷三十三，第1354页。）阳明龙场悟道主要在于格物致知，次年提出知行合一，龙场悟道时并未提出良知与致良知。据钱德洪记载，王阳明自"征宁藩后，专发致良知宗旨，则益明切简易矣。"（《与滁阳诸生书并问答语》跋语，《王阳明全集》卷二十六，第1083页。）正德十六年，阳明五十岁，"是年先生始揭致良知之教"。（《王阳明全集》卷三十三，第1411页。）

/// 15

据《五经臆说序》，"夫说凡四十六卷，《经》各十，而《礼》之说尚多缺，仅六卷云"。（《王阳明全集》卷二十二，第966页。）《五经臆说》以心解经，如解释《春秋》"元年春王正月"为"元也者，在天为生物之仁，而在人则为心"，解释《周易》之《晋》卦为"心之德本无不明也，故谓之明德"。（《五经臆说十三条》，《王阳明全集》卷二十六，第1076—1079页。）

/// 16

"癸巳"，应为"己巳"。

/// 17

此处引文主要出自《传习录上》（《王阳明全集》卷一，第4—5页），为正德七年（1512）与徐爱论学所述。《年谱》将阳明与徐爱论学的这段话放置在正德四年，王阳明与席书论朱陆异同之后。（《王阳明全集》卷三十三，第1355页。）冯梦龙或据此，而将王阳明与徐爱论学之语误作与席书论学。

/// 18

《睡起写怀》,《王阳明全集》卷十九,第793页。据《年
谱》,"师昔还自龙场,与门人冀元亨、蒋信、唐愈贤等讲
学于龙兴寺,使静坐密室,悟见心体"。(《王阳明全集》
卷三十六,第1476页。)

/// 19

"囹圄",监狱。此据《年谱》:"稽国初旧制,慎选里正
三老,坐申明亭,使之委曲劝谕。民胥悔胜气嚣讼,至
有涕泣而归者。由是囹圄日清。"(《王阳明全集》卷
三十三,第1356页。)又见黄绾《阳明先生行状》:"庚
午,升庐陵知县。比至,稽国初旧制,慎选里正三老,委
以词讼,公坐视其成,囹圄清虚。"(《王阳明全集》卷
三十八,第1558页。)

/// 20

《别方叔贤四首》之三,《王阳明全集》卷二十,第797
页。

/// 21

《传习录上》,《王阳明全集》卷一,第12页。

/// 22

如《龙蟠山中用韵》:"无奈青山处处情,村沽日日办山
行。真惭廪食虚官守,只把山游作课程。"《琅琊山中三

首》："《六经》散地莫收拾，丛棘被道谁刊删？已矣驱驰二三子，凤图不出吾将还。"（《王阳明全集》卷二十，第803—804页。）

/// 23

据《年谱》："滁山水佳胜，先生督马政，地僻官闲，日与门人游遨琅琊、瀼泉间。月夕，则环龙潭而坐者数百人，歌声振山谷。诸生随地请正，踊跃歌舞。旧学之士皆日来臻。于是从游之众自滁始。"（《王阳明全集》卷三十三，第1363页。）

/// 24

《滁阳别诸友》，《王阳明全集》卷二十，第809页。

/// 25

"朱虎"，应为"朱箎"。

/// 26

《示弟立志说》作于正德十年乙亥（1515）。（《王阳明全集》卷七，第289页。）

叁

破山中贼

时汀漳各郡皆有巨寇，兵部尚书王琼特举先生之才，升都察院右佥都御史，巡抚南、赣、汀、漳等处。先生因得归省岑太夫人及龙山公。

正德十年，先生念祖母岑太夫人年九十有六，思一修觐，乃上疏请告，不允。①

时汀漳各郡皆有巨寇，兵部尚书王琼特举先生之才，升都察院左佥都御史，巡抚南、赣、汀、漳等处。先生因得归省岑太夫人及龙山公。②

正德十二年正月，赴任南赣。道经吉安府万安县，适遇流贼数百，肆劫商舟。舟人惊惧，欲回舟避之，不敢复进。先生不许，乃集数十舟，联络为阵势，扬旗鸣鼓，若将进战者。贼见军门旗号，知是抚院，大惊，皆罗拜于岸上，号呼曰："某等饥荒流民，求爷赈济活命！"

先生命将船从容泊岸，使中军官传令，谕之曰："巡抚老爷知汝等迫于饥寒，一到赣后，即差官抚插，宜散归候赈。若更聚劫乡村，王法不宥。"

贼俱解散。③

既抵赣，即行牌所属，分别赈济，招抚流民，置二匦于台前，榜曰：

求通民情，愿闻已过。

因漳贼詹师富、温火烧等连年寇盗，其势方炽，移文湖广、福建、广东三省，克期进剿。赣民多受贼贿，为之耳目。官府举动，贼已先觉。先生访知军门有一老隶奸狡尤甚，忽召入卧室，谓之曰："有人告你通贼，你罪在必死。若能改过，悉列通贼诸奸民告我，我当赦汝之命。"老隶叩头，悉吐其实，备开奸民姓名。先生俱密拿正法。④

又严行十家牌法。其法十家共一牌，开列各户籍贯、姓名、年貌、行业，日轮一家，沿门诘察。遇面生可疑之人，即时报官。如或隐匿，十家连坐。所属地方，一体遵行。⑤

又以向来远调狼达上军，动经岁年，糜费巨万，骄横难制，有损无益。乃使各省兵备官，令府州县挑选本地真正骁勇，每县多者十人，少者七八人。大约江西、福建二省，各以五六百名为率；广东、湖广二省，以四五百名为率，其间有魁杰出群、通晓韬略者，署为将领。所募骁勇，随各兵备官屯扎训练。无事拨守城隘，有事应变出奇。⑥到任十余日，调度略毕，即议进兵。

兵次长富村，遇贼，大战，斩获颇多。贼奔至象湖山拒守，我兵追至地名莲花石，与贼对垒。会指挥覃桓率广东兵到，与贼战，小胜，遂进前合围。贼见势急，溃围而出。覃桓马蹶，为贼所杀，县丞纪庸⑦亦同时被害。诸将气沮，谓："贼未可平，请调狼兵，俟秋再举。"

先生阳听其说，进屯汀州府上杭县，宣言："大犒三军，暂且退师蓄锐，俟狼兵齐集征进。"⑧

密遣义官曾崇秀觇贼虚实，回言："贼还据象湖，只等官军一退，复

　　十一年丙子秋,升左佥都御史,巡南、赣、汀、
漳、雄、韶、惠、潮、郴等处。……先生初过万安,贼
正劫百家滩,跳号无忌。下车,首督四省兵备,挑
选民兵,别其饶贫。悬赏招募异材操演……亲教
以八阵法技艺。⑨

出劫掠。"

先生乃责各军以失律之罪,使尽力自效。[10]分兵为二路,俱于二月廿九晦日,出其不意,衔枚并进,直捣象湖,夺其隘口。众贼失险,复据上层,峻壁四面,滚木礌石,以死拒战。先生亲督兵士,奋勇攻之。自辰至午,呼声震地。三省奇兵从间道攀崖附木,四面蚁集,贼惊溃奔走。官军乘胜追剿,贼兵大败。

先生乃分遣福建佥事胡琏、参政陈策、副使唐泽等,率本省兵攻长富村;广东佥事顾应祥、都指挥杨懋等,率本省兵攻水竹大重坑;先生自提江西兵,往来接应。不一月,福建兵攻破长富村巢穴三十余处,广东兵攻破水竹大重坑巢穴一十三处,斩首从贼詹师富、温火烧等七千余名,俘获贼属及辎重无算。漳、南数十年之寇,至是悉平。以二月出师,四月班师,成功未有如此之速者。

先生驻军上杭,久旱不雨。师至之日,一雨三日。百姓歌舞于道。先生因名行台之堂曰"时雨堂",取"王师若时雨"之义也。[11]

先生谓:

习战之方,莫要于行伍;治众之法,莫先于分数。每每调集各兵,二十五人编为一伍,伍有小甲;五十人为一队,队有总甲;二百人为一哨,置哨长一人,协哨二人;四百人为一营,置营官一人,参谋二人;一千二百人为一阵,阵有偏将;二千四百人为一军,军有副将。偏将无定员,临事而设。小甲选于各伍中,总甲又选于小甲中,哨长选于千百户义官中。副将得以罚偏将,偏将得以罚营官,营官得以罚哨长,

先生修濂溪书院，创射圃，辟讲堂，门人周冲、周仲、郭治、刘魁、欧阳德、何秦、黄弘纲、刘肇衮、王学益等四至。立十家牌，联保甲，奸伪无所容。屡谕父老子弟孝亲敬长，奉法修睦，息讼罢争。作《谕俗四条》,[12] 修社学，择教读刘伯颂等教童子歌诗习礼,[13] 选耆儒袁庆奇主之，弦歌盈街市。

哨长得以罚总甲，总甲得以罚小甲，小甲得以罚伍兵。务使上下相维，如身臂使指，自然举动齐一，治众如寡。编选既定，每伍给一牌，备列同伍姓名，谓之伍符。每队各置两牌，编立字号，一付总甲，一藏本院，谓之队符。每哨各置两牌，编立字号，一付哨长，一藏本院，谓之哨符。每营各置两牌，编立字号，一付营官，一藏本院，谓之营符。凡遇征调，发符比号而行，以防奸伪。[14]

此即管子内政遗制，治军之法，莫妙于此。要在实实行之耳。

又疏请申明赏罚：

兵士临阵退缩者，领兵官即军前斩首；领兵官不用命者，总兵官即军前斩首。其有擒斩功次，不论尊卑，一体升赏。生擒贼从勘明，决不待时。夫盗贼之日滋，由招抚之太滥；招抚之太滥，由兵力之不足；兵力之不足，由赏罚之不行。乞假臣等，以令旗令牌，使得便宜行事。[15]

尤为要着。

又议割南靖、漳浦之地，建立县治于大洋陂，又添立巡简司，协同镇压。

兵部王琼以先生之言为然，覆奏俱依拟，赐县名曰清平，[16]改巡抚为提督军务，给旗牌，假便宜。[17]仍论平漳寇功，加俸一级。先生益得发舒其志。

再说南赣西接湖广桂阳，有桶冈、横水诸贼巢；东接广东龙川，有浰头诸贼巢。横水贼首谢志珊、桶冈贼首蓝天凤、浰头贼首池仲容，俱僭号称王，伪署官职，拥众据险，出入无常。屡调狼兵进讨，不能取胜。谢志珊自号征南王，闻督府方讨漳寇，乃大修战具，并造吕公车若干，欲乘隙先破南康，乘虚入广。时湖广巡抚都御史陈金，疏请三省之师夹攻桶冈。

先生曰："桶冈、横水、左溪诸贼，荼毒三省，其患虽同，而事势各异。论湖广，则桶冈为腹心之疾；论江西，则横水为腹心之疾。今不去江西腹心之疾，而欲与湖广夹攻桶冈，失缓急之宜矣。湖广克期以十一月朔日会集，今尚在十月。横水贼闻湖广合剿之信，必谓我先攻桶冈。又见我兵未集，师期尚远，必不准备。若出其不意，进兵疾击，可以得志。已破横水，移兵桶冈，此破竹之势也。"⑱

先生恐征横水时涮头贼乘机扰乱，乃为告谕一通，具述利害，遣报效生员黄表、义民周祥等招抚池仲容等，劝之立功自赎，且各赐银布，以安其心。一时，贼党见谕词诚恳，莫不感动。酋长黄金巢、刘逊、刘粗眉、温仲秀等随黄表等各引部下出投，情愿杀贼立功。先生用好言抚慰，选其精壮五百人为兵，随军征进，余老弱散遣之。先生已定出师之期，预先分定哨道，密授方略，那几处哨道？

一、江西都司都指挥许清，率兵一千，自南康县所溪入，攻白蓝，与本院会于横水。

一、赣州府知府邢珣，率兵一千，自上犹县石人坑入，协攻白蓝，会于横水。

一、南赣守备郏文，率兵一千，自大庾县义安入，合攻左溪，会于横水。

一、汀州府知府唐淳，率兵一千，自大庾县聂都入，合攻左溪，会于横水。

一、南安府知府季敩,率兵一千,自大庾县稳下入,合攻左溪,会于横水。

一、南康县县丞舒富,率兵一千,自上犹县金坑入,径攻左溪,会于横水。

一、赣州卫指挥余恩,率兵一千,自上犹县独孤岭入,径攻左溪,会于横水。

一、宁都县知县王天与,率兵一千,自上犹县官隘员坑入,进屯横水。

一、吉安府知府伍文定,率兵一千,搜剿稽芜等处贼巢,进屯横水。

一、广东潮州府程乡县知县张戬,率兵一千,搜剿黄雀坳等贼巢,进屯横水。

分拨十路军马,限定十月初七日,各哨齐发。又拨兵备副使杨璋、分守参议黄宏监督各营官兵往来给饷。⑲

先生暗谕:

本院标下将领,同时进发。

号令虽出,衙门中寂然无闻。先生在赣院,左有旁门,通射圃,暇即与诸生讲学其中,或习射,每至夜分而散。次早,则诸生入院揖谢,以此为常。出兵之前一日,与诸生夜坐谈论。诸生以先生坐久,请休息。⑳先生乃回院。及明旦,诸生集于院门,欲进谢,守门者辞曰:"公

举动门且眦,安之必成功。

　　横水大贼首谢志珊僭称征南王,桶冈蓝天
凤称盘皇子孙,及鸡湖、双坝等巢,为乱湖广。夹
攻以十一月攻桶冈,而横水、左溪观望未备。先
生密布诸哨,各给旗号军令,以十月初七日分道并
进……

进院未几,即领兵出城去,不知何往。度此际可行二十余里矣。"其神机不测如此。

先生于十月初九日兵至南康。有人出首义官李正岩、医官刘福泰,素与贼通者。先生召二人至,以首状示之。二人力辩无有,先生曰:"即有之,姑释汝罪。"乃皆留于幕下,戴罪立功。

景晚,李正岩、刘福泰禀有机密事求见,先生召入,密叩之。

二人齐声禀称:"欲攻桶冈,必经由十八面地方,此乃第一险要去处。乱山环拱,岭峻道狭,从来官军不能入。今有木工张保,久在蛮中,凡建立栅寨,皆出其手。要知地利,非得此人不可。"

先生问:"张保何在?"

二人曰:"某等蒙老爷不杀之恩,誓欲报效。天幸遇着张保,已拘留在辕门之外。未奉呼唤,不敢擅自引入。"

先生即令二人出外,同张保入见,务要隐密,不得声张其事。当下,李、刘二人引张保直至后堂,叩头。

先生曰:"闻蛮贼建立栅寨,皆出汝手,汝罪当死!"

张保连连叩头,答曰:"小人手艺为活,误入贼穴,一时贪生怕死,受其驱使,实非得已。"

先生曰:"我且不计较汝。但彼立寨之处,必然选择险要,汝在彼中,亦必备知,可细细开明左右前后大小出入之道。贼破之日,一例叙功。"

张保欣然,遂请求笔砚。先生分付李、刘二人监押,教他安坐开写。自己退回卧房,使亲随门子以酒食劳之。张保感激,即备细开出某贼寨在某山,某处是进路,某处是退路,某处山头与某寨相对,路平路险,如何上山,如何下山,恰像写卖山文契的,四址分明,滴水不漏。

门子禀道:"木工开写已完。"

先生复出召见,亲自收取,看了一遍,再把好言抚慰,即留三人于内堂厢房安歇。次早,皆授义官名色。

初十日,兵进至南坪地方,使李正岩、刘福泰引着间谍,四路分探,回报:"众贼不虞官兵猝至,各巢皆鸣锣聚众,往来呼噪,为分头御敌之计,势甚张皇。各险隘皆设有滚木礌石,已做准备。"先生乃乘夜疾进。

十一日,离贼巢三十里下寨,使人伐木立栅,开堑设堠,示以久屯之形。使报效听选官雷济、义民萧廙,分率乡兵及樵竖善登山者四百人,各给旗一面,赍铳、炮、钩、镰、枪,使由间道攀崖悬壁而上,分伏各山顶高处,预堆积茅草,约定次日官军进攻各山头,将旗竖立,举炮燃火相应。

十二日,官军至十八面隘。贼方据险迎敌,忽闻远近山顶炮声如雷,烟焰四起,官军呼噪奋勇,炮箭齐发。贼惊皇失措,以为巢穴已破,遂弃险奔溃。

先生预遣千户陈伟、高睿分率壮士数十悬崖而上,夺其险隘,尽发其木石。官军乘胜急进,呼声震天。指挥谢昶、冯廷瑞由间道先入,放火焚贼巢。贼退无所据,乃大败,四散奔走,遂连破长龙、十八面隘等七巢。

贼首谢志珊与萧贵模计议,谓横水居众险之中,可倚以自固。及闻官军四进,仓卒分众陌险出御。见横水烟焰障天,铳炮之声摇撼山谷，心胆愈裂，弃险而逃。

时各哨官兵陆续俱到，刑珣兵破磨刀坑等三巢，王天与破樟木坑等二巢，许清破鸡湖等三巢，俱至横水来会。唐淳破羊牯脑等三巢，并破左溪大巢，郏文破狮寨等三巢，余恩破长流坑等三巢，舒富破箬坑等三巢，季敩破上西峰等三巢，俱至左溪，守巡各官亦随后而至。

是日，斩大贼钟明贵、陈曰能等数人，从贼首级千余。其自相蹂践堕崖填谷而死者不计其数。贼于入路皆刊崖倒树，设阱埋签。官军昼夜涉深涧，蹈丛棘，遇险绝，则挂绳于崖树，鱼贯而上，猿擘而下，往往失堕深谷，不死为幸。

各兵至横水左溪者，皆疲困不能驱逐。会日暮，传令收兵屯扎。至次日，大雾咫尺不辨，先生令各营休兵享士，使乡导数十分探溃贼何在，并未破巢穴动静。

连日雾雨，至十五日，尚濛濛不开。各乡导回报，言诸贼预于各山绝险崖壁立寨为退保计，亦有并聚于未破各巢者。

诸将皆曰："会剿桶冈，期在十一月朔，日已迫矣，奈何？"

先生曰："此去桶冈尚百余里，山路绝崄，三日方达。若此处之贼未能扫尽，而移兵桶冈，瞻前顾后，备多力分，非计之得也。"

适搜山者擒一贼至，问之，乃是桶冈贼遣至横水探信者，姓钟，名景。

先生曰："吾兵所向皆克，灭桶冈只待旦夕。汝若肯留吾麾下效用，当赦汝罪。"

钟景叩头愿降。先生因叩桶冈地利。钟景言之甚详，兼能识横水各巢路道。先生遂解其缚，赐以酒食，留于帐下。于是传令各营，皆分兵为奇正二哨，一攻其前，一袭其后，冒雾疾趋。

十六日，刑珣攻破旱坑等二巢，季敩同郏文攻破稳下等二巢。十七日，唐淳攻破丝茅坝巢。十八日，许清攻破朱雀坑等四巢。十九日，余恩攻破梅坑等二巢。二十日，刑珣又破白封龙等二巢，王天与破黄泥坑。二十二日，舒富破白水洞巢。是日，伍文定、张戬兵亦至。二十四日，伍文定破寨下巢，张戬破杞州坑巢。二十五日，张戬又破朱坑巢，伍文定破杨家山巢。二十六日，季敩又破李坑巢，许清又破川坳巢。二十七日，郏文又攻破长河洞巢，俘斩无数。

谢志珊谋遁桶冈，被刑珣活捉解来。先生奉新奏准事例，即命于辕门枭首。临刑，先生问曰："汝一介小民，何得聚众如此之多？"

志珊曰："此事亦非容易！某平日见世上有好汉，决不肯轻易放过，必多方钩致，与为相识，或纵其饮，或周其乏。待其感德，然后吐实告之，无不乐从矣。负千觔气力者五十余人，今俱被杀，束手就缚，乃明天子之洪福也，又何尤哉？"

因瞑目受刑。

先生他日述此事于门人，曰："吾儒一生求朋友之益，亦当如此。"㉑

后人论此语，不但学者求朋友当如此，虽吏部尚书为天下求才，亦当如此。有诗四句云：

同志相求志自同，
岂容当面失英雄？
秉铨谁是怜才者？
不及当年盗贼公。

考陆天池《史余》上说：先生微服与木工同入贼寨，自称工师，兼通地理。贼喜其辩说，礼为上客。先生周行其穴，密籍其险要可藏之处，绐贼，以五百人随出，约伏官军营侧，克期出兵为应。贼从其计。先生至军中，悉配其人于四郊，各不相通。自选精卒千人诈降，密携火器，埋之贼境，又辞归。至期，率兵数万而进。贼启关出迎，洞中火炮大发。精卒从后夹击，贼惶惑不能支，遂大败。平贼后，取五百人者，剜其目睛，而全其命。

今按先生《年谱》：自起兵至平贼，才二十日耳，如疾雷迅霆，安得有许多曲折？且自称工师，往来诱敌，旷日持久，亦非万全之策。此乃小说家传言之妄，当以《年谱》为据。

再说是日诛了谢志珊，诸将遂请乘胜进攻桶冈。先生询访钟景等，已知地势之详，谓诸将曰："桶冈天险四塞，其出入之路，惟锁匙龙、葫芦洞、茶坑、十八磊、新池五处。然皆架栈梯堑，一人守之，千人难过。止有上章一路稍平，然非半月不可达。奔驰之际，彼已知备矣。莫若移屯近地，休兵养威，谕以祸福。彼见吾兵累胜，必惧而请服，如其迟疑，当进而袭之。"

乃遣戴罪义官李正岩、医官刘福泰，并降贼钟景，于二十八夜往桶冈，招安蓝天凤等。如果愿降，待以不死。期定于十一月初一日上午，至锁匙龙送款。

话分两头，却说浰头贼首池仲容，绰号池大鬓，原是龙川县大户出身，因被仇家告害，官府不明，一时气愤，与其弟仲宁、仲安聚起家丁庄户，杀了仇家一十一口，遂招集亡命，占住三浰落草。屡败官军，渐渐势大，自号金龙霸王。伪造符印，以兵力胁远近居民，壮者收为部下，富者借贷银米，稍有违抗，焚杀无遗。

龙川大姓卢珂、郑志高、陈英三人，颇有本事，各聚众千余，保守乡村。仲容欲招至入伙，卢珂等不从，互相仇杀。

先生檄岭东兵备道，先招卢珂等三家。三家遂奉约束，愿出力剿贼。遂留本村，与龙川县协同备御，仲容深恨之。及黄金巢等出降，众贼俱有纳款之意，惟池仲容不肯，谓众贼曰："我等作贼，已非一年；官府来招，亦非一次。其言未足凭信！且待黄金巢等到官后，果无他说，我等遣人出投，亦未为晚。"

及闻十月十二日官兵已破横水，仲容始有惧色。适先生又使黄金巢等作书往招。仲容乃谓其党高飞甲曰："官军既破横水，必乘胜直捣桶冈，次即及浰头矣，奈何？"

高飞甲曰："前督抚曾遣人来招安，且闻黄金巢等已蒙署官录用，不若亦遣一人出投，一则缓其来攻，二则窥觑虚实。若官军势果强盛，招安果系实情，又作计较。不然，留仲安在彼处，亦好潜为内应，一面拨人守险，多备木石，以防掩袭。"

仲容以为然，乃遣其弟仲安率老弱二百余人，往至横水投降，情愿随众立功。[22]

时横水贼已全平矣。先生谓曰："汝既是真心纳降，本院即日加兵桶冈，汝可引本部兵往上新地屯扎。如桶冈贼奔逸到彼，用心截杀，将首级来献，便算你功。"

那上新、中新、下新三巢，是桶冈西路，去浰头甚远。先生故意调开,使其难归,外示委用,以安其心,此是先生妙计。

再说李正岩等至桶冈,先述督抚兵威,后述招抚之期。蓝天凤大喜,情愿就抚。方召其党商议此事,横水贼萧贵模逃入桶冈,来见天凤,曰:"征南王不知守险,使官军潜入内地,是以溃败。若加意隄防,虽有百万之众,岂能飞入?今锁匙龙各隘地皆绝险,其所收横水余兵,尚有千余,足可助桶冈为守。奈何自就死地,如猪羊入屠人之手乎?"

天凤意不能决,乃令各寨头目俱至锁匙龙聚议。

先生遣县丞舒富率数百人,逼锁匙龙下寨,连连遣使,催取天凤等款状。一面密使刑珣兵入茶坑,伍文定兵入西山界,唐淳兵入十八磊,张戬兵入葫芦洞,立限三十日,乘夜各至分地。是夜大雨,不得进。初一日早,雨犹未止,各军冒雨而入。天凤见屡使催款,正在商量,又见大雨,料难进兵,防备就懈弛了。忽闻四路兵已大进,惊曰:"王公用兵真如神矣!"

急收拾兵众千人,据内隘绝壁,隔水为阵,以拒官军。

刑珣率兵渡水前击,张戬之兵冲其右,伍文定又自戬兵之右,悬崖而下,绕贼傍合攻。贼不能支,且战且却。及午雨止,各兵奋击,贼大败。

王天与、舒富两路兵闻官军已入前山,亦从锁匙龙并登,各军乘胜奋击。贼悉望十八磊奔逃,正遇唐淳之兵严阵以待,又大战一场。会日暮暂息,贼犹扼险相持。

次早,诸军复合势剿杀,贼遂大败。凡破十三巢,擒斩无数。初五日至十三日,陆续又破上新、中新、下新等十巢,斩萧贵模于阵。蓝天凤率败兵,欲于桶冈后山乘飞梯直入范阳大山,却先被官军把守,前后困围，计无复之，乃投崖而死，枭其首以献。岩谷溪壑之间，僵尸填满，于是桶冈之贼略尽。

据先生报二处捷数目：

捣过巢穴共八十四处，

擒斩大贼首谢志珊、蓝天凤等八十六名颗，

从贼首级三千一百六十八名颗，

俘获贼属二千三百三十六名口，

夺回被虏男妇八十三名口，

牛马驴一百八只，

赃仗二千一百三十一件，

金银一百一十三两八钱一分。[23]

时湖广军门已遣参将史春统兵前来会剿，行至郴州，接得先生钧牌，知会桶冈贼巢俱已荡平，不必复劳远涉。

史春大惊曰："向议三省合剿，打帐一年，尚恐未能尽殄。今王督院之兵朝去夕平，如扫秋叶，真天人也！"

先生奏凯班师，百姓扶老携幼，手香罗拜，言："今日方得安枕而卧。"

所经州县关隘，各立生祠。远乡之民肖像于家堂供养，岁时尸祝。

先生谓：

横水、桶冈各贼寨，散在大庾、庚岭之间，地方窎远，号令不及。议割三县之地,建立县治,及增添三处巡司,设关保障。

疏上,悉依议,赐县名曰"崇义",附江西南安府,赐敕奖谕。

浰头贼闻桶冈复破,愈加恐惧,乃分兵为守隘拒敌之计。

先生先谕黄金巢等,密遣部下,散归贼巢左近,俟官兵一到,即据险遏贼。再谕卢珂、郑志高等,用心提备。然后遣生员黄表、义民周祥等,赍牛酒复至浰头,赏劳各酋长,并诘其分兵守隘之故。池仲容无词可解,乃诈称:"龙川义民卢珂、郑志高素有仇怨,今不时引兵相攻,若一撤备,必被掩袭。某等所以密为之防,非敢抗官兵也。"

遂遣其党鬼头王,随黄表等回报,请宽其期,当悉众出投,尽革伪号,止称新民。

先生阳信其言,遂移檄龙川,使察卢珂等擅兵仇杀之实,谓鬼头王曰:"卢珂等本院已行察去讫,如情罪果真,本院当遣大军往讨,但须假道浰头。汝等既降,先为我伐木开道,以候官军,不日征进。"

鬼头王回报,池仲容且喜且惧:所喜者,督院嗔怪卢珂等,堕其术中;所惧者,恐其取道浰头,不是好意。

复遣鬼头王来谢,且禀称:"卢珂等某自当悉力捍御,不敢动劳官军。"

恰遇卢珂、郑志高、陈英亲到督院具状,辩明其事。状中备述池仲容等平昔僭号设官,今又点集兵众,号召远姓各巢贼酋,授以总兵都督等伪官,准备抗拒官军。

先生大怒曰:"池仲容已自投招,便是一家。汝挟仇,擅自仇杀,罪已当死。又造此不根之言,乘机诬陷,欲掩前罪,本院如见肺肝。那池仲容方遣其弟池仲安领兵报效,诚心归附,岂有复行抗拒之事?"

遂扯碎其状,诧之使出:"再来渎扰,必斩!"

却教心腹参谋,密向他说:"督府知汝忠义,适来佯怒,欲哄诱浰头自来。你须是再告,告时受杖三十,暂系数旬,方遂其计。"

卢珂等依言,又来告辩。先生益怒,喝令缚珂等斩首来报,标下众将俱为叩头讨饶。先生怒犹未解,将卢珂责三十板,喝令监候。

池仲安等在幕下,闻珂等首辩,心怀惊惧。及见先生两次发怒,然后大喜,率其党欢呼罗拜,争诉珂等罪恶。

先生曰:"本院已体访明白,汝可开列恶款来,待我审实后,当尽收家属处斩,以安地方。"

仲安益大喜,作家书,付鬼头王,回报其兄仲容去讫。

卢珂等既入监,先生又使心腹参随,只说要紧人犯在监,不放心,教他巡阅。却暗地致督府之意,安慰珂等,说:"事成之日,当有重用。你可密地分付家属,整顿人马,伺候军令差遣。"

珂等感泣曰:"督府老爷为地方除害。若用我之时,虽肝脑涂地,亦无所恨。"

先生又使生员黄表、听选官雷济安慰池仲容,说:"督府已知卢珂等仇杀之情,汝等勿以此怀疑。"

仲容大排筵席,管待黄表、雷济二人,坐中夸:"督府用兵如神,更兼宽宏大量,来者不拒,黄金巢等俱授有官职。你等若到麾下,自当题请重用。"

仲容拱手曰:"全仗先生们提挈。"

105

黄表因私谓所亲信贼酋曰："卢珂等说令兄恶迹多端，无非是妒忌之意。虽然督府不信，令兄处也该自去投诉。"

仲宁唯唯。言于仲容，仲容迟疑不行。

十二月二十日，先生大军已还南赣，各路军马俱已散遣，回归本处。先生乃张乐设饮，大享将士。示谕城中云：

督抚军门示：向来贼寇抢攘，时出寇掠，官府兴兵转饷，骚扰地方，民不聊生。今南安贼巢尽皆扫荡，而浰头新民又皆诚心归化，地方自此可以无虞。民久劳苦，亦宜暂休息为乐。乘此时和年丰，听民间张灯鼓乐，以彰一时太平之盛。

先生又曰："乐户多住龟角尾，恐有盗贼藏匿，仰悉迁入城中，以清奸薮。"

于是街巷俱燃灯鸣鼓，倡优杂沓，游戏为乐。

先生又呼池仲安至前，谓曰："汝兄弟诚心向化，本院深嘉。闻卢珂党与最众，虽然本身被系，其党怀怨，或掩尔不虞，事不可知。今放尔暂归浰头，帮助尔兄防守。传语尔兄，小心严备，不可懈弛失事。"

仲安叩头感谢。先生又使指挥俞恩护送仲安，并赍新历，颁赐诸酋。诸酋大喜，盛筵设款。仲安又述督府散兵安民及遣归协守之意，无不以手加额，踊跃谢天。

时黄表、雷济尚留寨内，会饮中间，仲容说道："我等若早遇督府，归正久矣。"

表、济曰："尔辈新民，不知礼节。今官府所以安辑劳来尔等甚厚，况且遣官颁历，奈何安坐而受之？论礼亦当亲往一谢。"

余恩曰："此言甚当！况卢珂等日夜哀诉，说你谋反有据。官府若去拘他，他断然拒命不来。何不试拘对理，看他来与不来，即此可证反情之实。"

仲容曰："若督府来唤对理，岂有不去之理？"

表、济又曰："今若不待拘唤，竟往叩谢，须便就诉明卢珂等罪恶，官府必益信尔无他，珂等诈害是实，杀之必矣。"

所亲信贼酋亦从中力劝。仲容以为然，乃谓其众曰："若要伸，先用屈。输得自己，赢得他人。赣州伎俩，亦须亲往勘破。"

遂定计，选麾下好汉，并所亲信者共九十三人，亲至赣州，来见督府。仲宁、仲安留于本寨。㉔余恩等先驰归报。

先生乃密遣人传谕属县："勒兵分哨付本院，不时檄到即发。"

又遣千户孟俊，先至龙川，督集卢珂、郑志高、陈英三家兵众。又以路从浰巢经过，恐其起疑，于是另写一牌，牌上开写：

卢珂等擅兵仇陷过恶，仰龙川县密拘三家党属，解至本院问究。

却将真牌藏于贴肉秘处。孟俊行至浰头，贼党一路盘问，俊出牌袖中示之，故意嘱他："此官府秘密事情，万勿泄漏！"

贼皆罗拜，争献酒肉，为之向导，送出浰巢。一路上其党自相传说，无不欢喜。孟俊到了龙川，方出真牌，部勒三家兵众。巢中诸贼传闻，皆以为拘捕其党，并不他疑。

仲容等到于赣州，正似猪羊近屠户之家，一步步来寻死地。仲容把一行人众营于教场，单引亲信数人进院参谒。先生用好言抚慰，问："此来许多人众？"

仲容禀曰："随从不过九十余人。"

先生曰："既是九十余人，必须拣个极宽的去处安顿方好。"

问中军官："何处最为宽闲？"

中军官禀道："惟有祥符寺地最宽敞，房屋亦俱整齐。"

先生曰："就引至祥符寺居住罢。"

又问："众人今在何处？"

中军官不等仲容开口，便禀道："众人见屯教场。"

先生伪变色曰："尔等皆我新民，不来见我，而营于教场，莫非疑心本院么？"

仲容惶恐，叩首曰："就空地暂息，听老爷发放，岂有他意？"

先生曰："本院今日与你洗雪，复为良民，也非容易。你若悔过自新，学好做人，本院还有扶持你处。"

仲容叩谢而出。

既至祥符寺，见宫室整洁，又有参随数人为馆伴，赐以米薪酒肉，标下各官俱来相拜，各有下程相送，欢若同僚，喜出望外。时乃闰十二月二十三日也。

参随等日导众贼游行街市，见各营官军果然散归，街市上张灯设戏，宴饮嬉游，信以为督府不复用兵矣。又密赂狱卒，私往觇卢珂等动静，果然械系深固。

狱卒又说："官府已行牌，拘其家属，一同究问，不日取斩。"

仲容大喜曰："吾事今日始得万全也！"

先生复制长衣油靴，分给众贼，使参随教之习礼。一日，又漫给布帛，未曾开明分别赏赐，于是老少互争。

参随禀知，先生曰："本院多事，未及细开，何不教他开一花名手本？下次照依次序给赏，老少不乱，岂不便乎？"

仲容依言，开手本送上，于是尽得其九十三人名姓。

过五日，仲容等辞归，先生曰："自此至浰有八九日程途，即今往，不能到家过岁矣。新春少不得又来贺节，多了一番跋踄。况赣州今岁灯事颇盛，在此亦不寂寞，何不以正月回去？"

贼中少年喜观灯，且得游于娼家，参随复借贷银钱，诸贼皆欣然忘归。

至元旦，随班入贺行礼。下午，仲容复入辞，先生曰："汝谒正，尚未犒赏，奈何就去？初二日本院尚未得暇，初三日当有薄犒。"

次日，令有司送酒于寺馆，参随官携妓女陪侍，众贼欢饮竟日。

预悬牌于辕门，牌上写道：

浰头新民池仲容等，次日齐赴军门领赏，照依花名次序，不许搀前哗乱。领赏过，三叩头即出，齐赴兵备道叩谢，事毕径回，不必又辞。

本院参随官抄写牌面，与众贼看了，无不欢喜。

是夜，先生密谕守备郏文，令拨经战甲士六百人，分作二十队，伏于射圃。候本院犒赏贼酋，每五名一班，鼓吹送出院门，过射圃，则以甲士一队擒而杀之。大约六人制一人，度无不胜。事了之后，只用一人在龙县丞处回话。

龙县丞者名光，原是正途出身，为吉安县丞。因不善逢迎，上司不喜，要赶逐他。太守伍文定察其人可用，言其冤于先生，留作参随。

先生又召龙光，分付："汝可引甲士一队，妆做衙门公役，各藏暗器，立于大门照墙之下。如贼党中有强力难制者，你令手下甲士上前相帮。若了事时，你便遥立屏墙，使我望见，以慰我心。倘有他变，趋入报我。"

又分付有司预备花红、羊豕、坛酒、历日、银两之类。院内军将随常排列，自有规矩。

亦密谕中军官："只等本院号令，一齐下手。"

至初三日侵早，军门上已吹打过二次，各官俱集。

池仲容引着九十三人，都穿着军门颁赐长衣油靴，整整齐齐，来至院前，见巡捕官在院门上结彩，问其缘故，答道："今日老爷犒赏新民，乃是地方吉庆之事，如何不挂彩？"

须臾，屠户牵许多猪羊来到。

参随指与仲容道："这都是你们的赏物。"

众贼预先欢喜。

须臾，三通吹打，放铳开门，文武属官进院作揖。仲容等亦随入叩头。礼毕，先生先唤池仲容到前，说："你自头目，倡率归顺，与众不同。"

将案上大葵花银杯赐酒三大杯，草花一对，红绢二段缠身，犒银三两，大馍馍一盘，羊肉豕肉各五斤，酒二坛。分付："你且站在一边，看本院赏完众人，拨门上家丁一名，送你归寺。"

仲容复叩头称谢。

此时天门、二门两班乐人大吹大擂,阶下屠户杀猪宰羊,论斤分剁,好不热闹。仲容双花双红,立于泊水檐下,何等荣耀!便似新得了科第一般,不胜之喜。众贼候赏的一个个伸头舒颈,在阶下专听唱名。先生将花名手本付与中军,分付道:"依次唱名,每五名做一班,鼓乐导出。也教百姓看见,晓得从顺的好处,四方传说。"

中军官领诺,手执手本,高唱某某,众贼答应。每五名做一字脆着,每名草花一对,红布一匹,都是中军官与他插缠,亦各赐热酒二杯,犒赏银一两,大馍馍十枚,羊肉豕肉各一斤,酒一小坛。

贼人要将馍馍银封置于袖中,中军官道:"你若藏了,不见督府老爷的恩典。须是放在外面,教众百姓们大家观看。"

乃教他将衣兜子兜起馍馍,右手抱着酒坛,手中就捻着银封,左手提着猪羊肉,东脚门进,西脚门出。刚到射圈前,那三十名甲士先在那里挨次伺候,六人伏侍一个,已自众寡不敌,况且没心人对了有心人,双手又拿着许多赏物,身上穿着长衣,又被红布缠住,脚下油靴底滑,许多不方便。虽有强悍有本事的,也减了数分。不消得十分费力,便都了当,就将五个银封缴到龙县丞处为信。这里杀人,里面热闹之际,那得知道?一五一十,只管送将出来。龙县丞在屏墙下,数过第十七队,已了过八十五人矣,算道:"院内连池仲容只有九人,不足为虑。"

乃走入院门,意欲回复。

先生遥见龙光走进,疑外厢有变,注目视之,见龙光行步甚缓,知其无他,心下方才安稳。龙县丞步至堂,取茶一瓯,送至先生案前,密禀曰:"都了却!"

先生以头麾去。中军官又唤五名,已跪下领赏。

先生曰:"汝等俱是少年后辈,前日何得与年长者争赏?须绑出捆打二十,以示教诲。"

因指未赏者三人曰:"汝亦是争赏者,且只教诲你八个人。"

中军官及两班勇士一齐上前绑缚。池仲容色变,肚中如七八个吊桶,一上一落,好不安稳。一时在他矮檐下,怎敢不低头?

先生见各贼绑完,唤池仲容到前,说:"汝虽投顺,去后难保其心。"

仲容方欲启口分辨,先生喝声:"中军官,也与我绑着!"就于袖中出卢珂等首状,当面逐款质问:"伪檄上金龙霸王印信,从何而来?"

仲容顿口无言,惟有叩头请死。

先生命押付辕门,同八人斩首号令。仲容到辕门之外,方知领赏众贼俱已杀完,悔之无及,瞑目受刑。正是:

人恶人怕天不怕,

人善人欺天不欺。

善恶到头终有报,

只争来早与来迟。

先生用计,不动声色,除了积年的反贼,满城官吏士民无不称快。犒贼之物,一毫不失,即以赏有功甲士。狱中放出卢珂、郑志高、陈英,厚加赏赐,不在话下。

时日已过午,先生退堂,一个头旋,昏倒在地。左右慌忙扶起,呕吐不止。众官俱至私衙问安。

先生曰："连日积劳所致,非他病也。幸食薄粥,稍静坐片时,安然如故矣。"㉕

是夜,先生发檄催各路兵,期定本月初七日,于三浰相会,一同捣巢。那几路?

从广东惠州府龙川县入者,共三路:

知府陈祥,兵从和平都入;

指挥姚玺,兵从乌虎镇入;

千户孟俊,兵从平地水入。

从江西赣州府龙南县入者,共四路:

指挥余恩,兵从高沙堡入;

推官危寿,兵从南平入;

知府邢珣,兵从太平堡入;

指挥郏文,兵从冷水径入。

从赣州府信丰县入者,共二路:

知府季斆,兵从黄田冈入;

县丞舒富,兵从乌径入。

先生自率帐下官兵,从龙南冷水径直捣下浰大巢。㉖

却说巢中诸贼,先前得池仲容书信,说赣州兵俱已散归,督府待之甚厚,不日诛卢珂等。传去各巢,人人信以为真,各自安居,不做准备。初闻官兵四路并进,怪仲容无信到,尚不以为然。比及打听得实,官兵已至龙子岭,去贼巢甚近了,一时惊惶失措,乃悉其精锐,据险设伏,并势迎敌。

官军聚为三冲,犄角而前。指挥余恩兵首先遇贼,百长王受奋勇前进,与贼大战,约莫三十余合,贼兵稍却。王受追赶里许,贼伏四起,将王受围困垓心,左冲右突,不能出去。忽闻东角头鼓噪之声,一队官军杀将入来,乃是惠州府推官危寿部下义官叶芳也。伏兵见有接应,正欲分兵迎敌,千户孟俊兵又从冈后杀到,横冲贼伏,与王受合兵。三路军马同时剿杀,呼声震天,贼大奔溃。官军乘胜逐北,三浰大巢俱不能守。各路兵闻大巢已破,心胆益壮,各自奋勇立功,连破五花障、白沙、赤唐等巢穴十一处,斩级无数。其夜,败贼复奔铁石障、尺八岭等巢穴。

次早,先生传令各哨官兵:

探贼所往,分投急击。

初九日,知府陈祥破铁石障巢,斩池仲宁,获金龙霸王伪印及违禁旗炮各物。于是,复克羊角山等巢穴二十三处,擒斩更多。各巢奔散之贼,其精悍者尚有八百多人,高飞甲等率之,复哨聚于九连山。那九连山高有百仞,横亘数百余里,俱是顽石卓立,四面抖绝,止东南崖壁之下一条线路可通。贼又将木石堆积崖上,只等我兵到时,发石滚木,百无一全。先生传选精锐七百人,将所获贼人号衣穿着,假作奔溃之贼,乘夜直冲崖下涧道而过。贼认做各巢败散之党,于崖上招呼。我

回军龙南诗

百里妖氛一战清，万峰雷雨洗回兵。
未能干羽苗顽格，深愧壶浆父老迎。
莫倚谋攻为上策，须还内治是先声。
功微不愿封侯赏，但乞蠲输绝横征。

甲马新从鸟道回，览奇还更陟崔嵬。
寇平渐喜流移复，春暖兼欣陇亩开。
两窦高明行日月，九关深黑闭风雷。
投簪最好支茅地，恋土犹怀旧钓台。

洞府人寰此最佳，当年空自费青鞋。
尘壖旛旖悬仙仗，台殿高低接纬阶。
欲将点瑟携童冠，就揽春云结小斋。
阳明山人旧有居，此地阳明景不如。

但在乾坤皆逆旅，曾留信宿即吾庐。
他日巾车还旧隐，应怀兹土复乡闾。
行窝已许人先号，别洞何妨我借书。
春山随处款归程，石门幽虚道意生。

洞壑风泉时远近，应怀尘机罢席名。
他僧住久炊遗火，野老忘机罢席争。
习静未缘成久歇，却惭玉土逐虚名。
回军龙南道中，小憩玉石岩，用韵书
此，阳明山人王守仁伯安识。

兵亦佯与呼应，贼遂不疑。我兵已度险，遂扼断其后路。

次日黎明，我兵放起炮来，贼方知是官军并势来攻。我兵所据，反在贼崖上面。从上击下，贼不能支，遂退。高飞甲与池仲安商议，分队潜遁。先生预令各哨官兵四路埋伏，贼遇伏辄败，又杀五百余人。池仲安中箭而死。高飞甲率残党三百余人，分逃上下坪、黄田坳等处。各哨官兵复约会搜捕，见贼便杀，高飞甲亦为守备郏文所斩。有名贼徒剿灭殆尽，惟张仲全等二百余人，聚于九连谷口，呼号痛哭，自言："本是龙川良民，被池仲容等迫胁在此，与他搬运木石。只因贪恋残生，受其驱役，并不曾见阵厮杀，求开生路。"

先生遣报效生员黄表往验，果然俱是老弱，且从贼未久，其情可怜。乃使赣州邢知府往抚其众，籍其名数，安插于白沙地方，复为良民。㉗

此番用兵，自正月初七日起，至三月初八日止，通计两月内：

捣过巢穴三十八处，

斩大贼首二十九名颗，

次贼首三十八名颗，

从贼二千零六名颗，

俘获贼属男妇八百九十名口，

夺获牛马一百二十二只匹，

器械赃仗二千八百七十件，

赃银七十两六钱六分。

先生上疏奏捷，请于和平峒添设县治，以扼三省之冲。得旨，准添

　　十四年己卯, 先生至虔台, 作《三箴》自儆。[28]
干戈倥偬中, 日出射圃切磋歌诗习射, 若事无。[29]
门人王思、李中、邹守益、郭持平、杨凤、杨鸾、梁焯
及冀元亨等偕至军中。致书杨士德、薛尚谦曰:"破
山中贼易, 破心中贼难。区区剪除草窃, 何足为异?
诸君扫荡心腹之寇, 以收廓清平定, 此诚大丈夫不
世伟绩!"[30]

设,名和平县。^㉛

升先生都察院右副都御史,荫一子锦衣卫,世袭千户。辞免,不允。时正德十三年也。^㉜

诸贼既平,地方安靖,乃得专意于讲学。大修濂溪书院,将《古本大学》《朱子晚年定论》付梓,凡听教者悉赠之。^㉝时门人徐爱亦举进士,刻先生平昔问答行于世,命曰《传习录》。^㉞海内读其书,无不想慕其人也。江西名士邹守益等执贽门下,^㉟生徒甚盛。

先生尝论三教同异,曰:

仙家说到虚,圣人岂能于虚上加一毫实？佛家说到无,圣人岂能于无上加一毫有？但仙家说虚,从养生来;佛家说无,从出离生死苦海来,却于本体上加却这些子意在。良知之虚,便是天之太虚;良知之无,便是太虚之无形。日月风雷、山川民物,凡有象貌形色,皆在太虚无形中发用流行,未尝为天障碍。圣人只是顺其良知之发用,天地万物皆在于我。^㊱

正是:

道在将兴逢圣世,

文当未丧出明师。

人人有个良知体,

不遇先生总不知。

/// 1

据正德十年八月《乞养病疏》："顷来南都，寒暑失节，病遂大作。且臣自幼失母，鞠于祖母岑，今年九十有六，耄甚不可迎侍，日夜望臣一归为诀。臣之疾痛，抱此苦怀，万无生理。"（《王阳明全集》卷九，第325页。）又据正德十一年十月时升南赣金都御史作《辞新任乞以旧职致仕疏》："臣自幼失慈，鞠于祖母岑，今年九十有七，且暮思臣一见为诀。去岁乞休，虽迫疾病，实亦因此。臣敢辄以蝼蚁苦切之情控于陛下，冀得便道先归省视岑疾，少伸反哺之私，以俟矜允之命。臣衷情迫切，不自知其触昧条宪。臣不胜受恩感激，渎冒战惧，哀恳祈望之至！"（《王阳明全集》卷九，第330页。）

/// 2

阳明正德十一年十月，归省至越时，王思舆语季本曰："阳明此行，必立事功。"本曰："何以知之？"曰："吾触之不动矣。"(《年谱》,《王阳明全集》卷三十三,第1365页。)

/// 3

此事见《年谱》,《王阳明全集》卷三十三,第1366页。

/// 4

此事见《年谱》,《王阳明全集》卷三十三,第1366页。

/// 5

《十家牌法告谕各府父老子弟》《案行各分巡道督编十家牌》,《王阳明全集》卷十六,第587—590页。

/// 6

据《选拣民兵》:"夫事缓则坐纵乌合,势急乃动调狼兵,一皆苟且之谋,此岂可常之策? 古之善用兵者,驱市人而使战,假闾戍以兴师。岂以一州八府之地,遂无奋勇敢战之夫? 事豫则立,人存政举。""为此案仰四省各兵备官,于各属弩手、打手、机快等项,挑选骁勇绝群、胆力出众之士,每县多或十余人,少或八九辈;务求魁杰异材,缺则悬赏召募。大约江西、福建二兵备,各以五六百名为率;广东、湖广二兵备,各以四五百名为率。中间若有力能扛鼎、勇敌千人者,优其廪饩,署为将领。召募犒赏等费,皆查各属商税赃罚等银支给。""所募精兵,专随各兵备官屯扎,别选素有胆略属官员分队统押。""则各县屯戍之兵,既足以护防守截;

而兵备慕召之士人，可以应变出奇。"(《王阳明全集》卷十六，第585—586页。)

/// 7

"纪庸"，应为"纪镛"，见《闽广捷音疏》，《王阳明全集》卷九，第336页。

/// 8

据《剿捕漳寇方略牌》："于公文至日，便可扬言。本院新有明文，谓：天气向暖，农务方新，兼之山路崎险，林木蓊翳，若雨水洊至，瘴雾骤兴，军马深入，实亦非便。莫若于要紧地方，量留打手机兵，操练隄备。其余军马，逐渐抽回；待秋收之后，风气凉冷，然后三省会兵齐进。或宣示远近，或晓谕下人，此声既扬，却乃大犒军士，阳若犒劳给赏，为散军之状；实则感激众心，作兴士气。"(《王阳明全集》卷十六，第591页。)

/// 9

王阳明少年时便留意八阵图，据黄绾《阳明先生行状》，"钦差督造威宁伯王公坟于河间，驭役夫以什伍之法，暇即演八阵图，识者已知其有远志。"(《王阳明全集》卷三十八，第1556页。)

/// 10

据《钦奉敕谕切责失机官员通行各属》："参看各官顿兵不进，致此败衄，显是不奉节制，故违方略，正宜协愤同奋，因败求胜，岂可辄自退阻，倚调狼兵，坐失机会。"（《王阳明全集》卷十六，第599页。）又据《案行漳南道守巡官戴罪督兵剿贼》："今据前因，参照指挥高伟既奉差委督哨，自合与覃桓等相度机宜，协谋并进；若乃孤军轻率，中贼奸计，虽称督兵救援，先亦颇有斩获，终是功微罪大，难以赎准。广东通判陈策，指挥黄春，千百户陈洪、郑芳等，既与覃桓等面议夹攻，眼见摧败，略不应援，挫损军威，坏事非细，俱属违法。各该领兵守备、兵备、守巡等官，督提欠严，亦属有违，合就通行参究；但在紧急用人之际，姑且记罪，查勘督剿。"（《王阳明全集》卷十六，第594页。）

/// 11

参见《回军上杭》《喜雨三首》，《王阳明全集》卷二十，第821—822页；《时雨堂记》，《王阳明全集》卷二十三，第994页；《书察院行台壁》，《王阳明全集》卷二十四，第1010页。

/// 12

《谕俗四条》，《王阳明全集》卷二十四，第1010—1011页。

/// 13

据《训蒙大意示教读刘伯颂等》："大抵童子之情，乐嬉游而惮拘检，如草木之始萌芽，舒畅之则条达，摧挠之则衰痿。今教童子，必使其趋向鼓舞，中心喜悦，则其进自不能已。譬之时雨春风，沾被卉木，莫不萌动发越，自然日长月化；若冰霜剥落，则生意萧索，日就枯槁矣。故凡诱之歌诗者，非但发其志意而已，亦所以泄其跳号呼啸于咏歌，宣其幽抑结滞于音节也；导之习礼者，非但肃其威仪而已，亦所以周旋揖让而动荡其血脉，拜起屈伸而固束其筋骸也。"（《王阳明全集》卷二，第99页。）

/// 14

《兵符节制》，《王阳明全集》卷十六，第601—602页。

据《管子》："管子对曰：'昔者，圣王之治其民也，参其国而伍其鄙，定民之居，成民之事，以为民纪，谨用其六秉，如是而民情可得，而百姓可御。'桓公曰：'六秉者何也？'管子曰：'杀、生、贵、贱、贫、富，此六秉也。'桓公曰：'参国奈何？'管子对曰：'制国以为二十一乡，商工之乡六，士农之乡十五。公帅十一乡，高子帅五乡，国子帅五乡，参国故为三军。公立三官之臣，市立三乡，工立三族，泽立三虞，山立三衡。制五家为轨，轨有长。十轨为里，里有司。四里为连，连有长。十连为乡，乡有良人。三乡一帅。'桓公曰：'五鄙奈何？'管子对曰：'制五家为轨，轨有长。六轨为邑，邑有司。十邑为率，率有长。十率为乡，乡有良人。三乡为属，属有帅。五属一大夫，武政听属，文政听乡，各保而听，毋有淫佚者。'"（《小匡第二十》，《管子》卷八。）

/// 15

据《申明赏罚以励人心疏》："特敕兵部俯采下议，特假臣等令旗令牌，使得便宜行事。如是而兵有不精，贼有不灭，臣等亦无以逃其死。"（《王阳明全集》卷九，第345页。）据《攻治盗贼二策疏》："乞要申明赏罚，假臣等令旗令牌，使得便宜行事，庶几举动如意，而事功可成。"（《王阳明全集》卷九，第349页。）阳明请示王琼："惟望老先生授之以成妙之算，假之以专一之权，明之以赏罚之典。生虽庸劣，无能为役，敢不鞭策驽钝，以期无负推举之盛心。"（《与王晋溪司马》，《王阳明全集》卷二十七，第1104页。）

/// 16

《添设清平县治疏》，《王阳明全集》卷九，第353—356页。

/// 17

阳明提督军务、给旗牌，得以应对随时可能出现的宁藩叛乱："先宁藩之未变，朝廷固已阴觉其谋，故改臣以提督之任，假臣以便宜之权，使据上游以制其势。故臣虽仓卒遇难，而得以从宜调兵，与之从事。当时帷幄谋议之臣，则有若大学士杨廷和等，该部调度之臣，则有若尚书王琼等，是皆有先事御备之谋，所谓发纵指示之功也。"（《辞封爵普恩赏以彰国典疏》，《王阳明全集》卷十三，第503页。）

/// 18

据《横水桶冈捷音疏》:"议得桶冈、横水、左溪诸贼,荼毒三省,其患虽同,而事势各异。以湖广言之,则桶冈诸巢为贼之咽喉,而横水、左溪诸巢为之腹心;以江西言之,则横水、左溪诸巢为贼之腹心,而桶冈诸巢为之羽翼。今不先去横水、左溪腹心之患,而欲与湖广夹攻桶冈,进兵两寇之间,腹背受敌,势必不利。今议者纷纷,皆以为必须先攻桶冈,而湖广克期乃在十一月初一日,贼见我兵未集,而师期尚远,且以为必先桶冈,势必观望未备。今若出其不意,进兵速击,可以得志。已破横水、左溪,移兵而临桶冈,破竹之势,蔑不济矣。"(《王阳明全集》卷十,第381页。)

/// 19

参见《征剿横水桶冈分委统哨牌》,《王阳明全集》卷十六,第609—616页。其中"石人坑"应为"石坑";"黄雀坳"应为"黄径坳"。

/// 20

阳明在战场上表现出超常的精力,据后学所言,与其有特殊的休养生息的方法有关。王慎中问王畿:"先师在军中四十日未尝睡,有诸?"王畿曰:"然。此原是圣学。古人有息无睡,故曰:'向晦入燕息。'世人终日扰扰,全赖后天渣滓厚味培养,方觳一日之用。夜间全赖一觉熟睡方能休息。不知此一觉熟睡,阳光尽为阴浊所陷,如死人一般。若知燕息之法,当向晦时,耳无闻，目无见，口无吐纳，鼻无呼吸，手足无动静，心无私累，一点元神，与先天清气相依相息，如炉中种火相似，比之后天昏气所养，奚啻什百。是谓通乎昼夜之道而知。"（《三山丽泽录》，《王畿集》卷一，凤凰出版社，2007年，第13页。）

/// 21

参见《年谱》，《王阳明全集》卷三十三，第1376页。

/// 22

参见《浰头捷音疏》，《王阳明全集》卷十一，第400—401页。

/// 23

"牛马驴一百八只"，应为"牛马骡六百八只匹"。参见《横水桶冈捷音疏》，《王阳明全集》卷十，第387页。另据《平茶寮碑》："凡破巢八十有四，擒斩三千余，俘三千六百有奇。释其胁从千有余众，归流亡，使复业。"（《王阳明全集》卷二十五，第1043—1044页。）

/// 24

"九十三人"应为"四十余人"，参见《浰头捷音疏》，《王阳明全集》卷十一，第402页。另见《平浰头碑》："丁末，破三浰，乘胜归北。大小三十余战，灭巢三十有八，俘斩三千余。"（《王阳明全集》卷二十五，第1044页。）

/// 25

阳明征剿横水、桶冈、浰头时，是带病上阵的。据正德十三年（1518）《乞休致疏》："自去岁二月往征闽寇，五月旋师；六月至于九月，俱有地方之警；十月攻横水，十一月破桶冈，十二月旋师；未几，今年正月又复出剿浰贼。前后一岁有余，往来二三千里之内，上下溪涧，出入险阻，皆扶病从事。""但惟臣病月深日亟，百疗罔效，潮热咳嗽，疮疽痈肿，手足麻痹，已成废人。"（《王阳明全集》卷十一，第392—393页。）

/// 26

参见《浰头捷音疏》，《王阳明全集》卷十一，第402—403页。

/// 27

参见《犒赏新民牌》，《王阳明全集》卷三十，第1198—1199页；《浰头捷音疏》，《王阳明全集》卷十一，第405页。

/// 28

《三箴》，见《王阳明全集》卷二十五，第1046—1047页。

/// 29

"读书讲学，此最吾所宿好，今虽干戈扰攘中，四方有来学者，吾亦未尝拒之。"（《赣州书示四侄正思等》，《王阳明全集》卷二十六，第1088页。）

/// 30

《与杨仕德薛尚谦》，《王阳明全集》卷四，第188页。此
书作于正德十二年（1517年）。

/// 31

参见《添设和平县治疏》，《王阳明全集》卷十一，第
407—412页;《再议平和县治疏》，《王阳明全集》卷
十一，第423—426页。按：和平县后改称平和县。

/// 32

参见《辞免升荫乞以原职致仕疏》，《王阳明全集》卷
十一，第417—419页。正德十四年正月十四日再上
《乞放归田里疏》，恳请致仕，均未允。(《王阳明全集》
卷十一，第431—433页。)

/// 33

《大学古本序》作于正德十八年戊寅（1518）。(《王阳
明全集》卷七，第270—271页。)据《朱子晚年定论》
序，该文作于正德（1515年）乙亥冬十一月。(《王阳明
全集》卷三，第145页。)

/// 34

徐爱为正德三年（1508）进士，自正德七年开始记录阳

明讲学语录，正德十三年（1518）卒。据《年谱》，正德十三年，"八月门人薛侃刻《传习录》。侃得徐爱所遗《传习录》一卷，序二篇，与陆澄各录一卷，刻于虔"。（《王阳明全集》卷三十三，第1385页。）

/// 35

正德六年辛未（1511），邹守益"会试第一。先是，文成王公移令庐陵，先生慕而谒之，一见期许。是岁，王公以吏部主事司分校"，"遂冠南宫"。正德十四年己卯（1519），邹守益"就质王公于虔台"，王阳明为其开示："致知者，致吾心之良知于事事物物也。致吾心之良知于事事物物，则事事物物皆得其理矣。独即所谓良知也。慎独者，所以致其良知也。戒谨恐惧，所以慎其独也。《大学》《中庸》之旨一也。"邹守益豁然有悟，遂执贽师事焉。（耿定向《东廓邹先生传》，《耿天台先生文集》卷十四，明万历刻本，第10—11页。）

/// 36

《传习录下》，《王阳明全集》卷三，第121页。阳明与仙家亦有一则传奇，据《虔台梦》："阳明先生在赣州，都府军令甚严，宿卫之士无敢偶语离次者。一夕，于中夜，卫士偶见府门洞开，有一道流自外至，长髯蕉扇，俨如洞宾。一童子执纱灯前导以入，门复闭。久之，开门送出，长揖别去，甚速，不知所之。见者惊愕，门如故。天明，遂相传言。自守巡以下皆知之。已而守巡入揖，先生遂自言梦纯阳真人来访，'吾问："如何谓之仙？"
彼曰："非儒之至者，不足以称真仙。"吾又问："如何谓
之儒？"曰："非仙之至者，不足以言真儒。"良久别去。'
守巡乃敢言夜来卫士所见，始知纯阳之果至也。"（董毅
《碧里杂存》，第15页。）

肆

靖宁藩乱

臞仙传惠王，惠王传靖王，靖王传康王。康王中年无子，悦院妓冯针儿，留侍宫中，呼为冯娘娘。针儿有娠，康王梦蟠蛇一条，飞入宫中。

　　话分两头。却说江西南昌府宗藩宁王，乃是太祖高皇帝第十七子，名权，初封大宁，因号宁王。高皇帝诸子中，只有燕王善战，宁王善谋，故封于北边，以捍御北虏。后燕王将起兵靖难，以大宁降胡所聚，以计劫宁王，与之同事，富贵共之。后燕王既登大宝，改元永乐，是为成祖文皇帝。以大宁故地，置朵颜三卫，欲封宁王于川广。宁王自择苏、杭二处请封，文皇帝不许。宁王大恚，遂出飞旗，令有司治驰道。文皇怒，宁王不自安，屏去从人，独携老监数人，自南京竟走至江西省城，称病，卧于城楼之上。布按三司奏闻，文皇帝不得已，以南昌封之，仍号宁王。数传至于臞仙，修真好道，礼贤下士，号为贤藩。

　　臞仙传惠王，惠王传靖王，靖王传康王。康王中年无子，悦院妓冯针儿，留侍宫中，呼为冯娘娘。针儿有娠，康王梦蟒蛇一条，飞入宫中，将一宫之人登时啖尽，又张口来啮康王。康王大叫一声，猛然惊醒，侍儿报冯娘娘已生世子矣。康王恶其不祥，命勿留养，遂匿于优人秦荣之家。既长，归宫，康王心终不喜，临薨时，不令入诀。[①]

濠性聪慧,通诗史,善为歌词,然轻佻无威仪,喜兵嗜利。既袭位,愈益骄横。术士李自然言其有天子骨相,渐有异志。辇金于都下,先结交内侍李广。正德初,又结交刘瑾等八党,为之延誉。又贿买诸生,举其孝行,朝廷赐玺书褒奖。

又谋广其府基,故意于近处放火延烧,假意救灭,拆毁其房,然后抑价以买其地。又置庄于赵家园地方,多侵民业,民不能堪。每收租时,立寨聚众相守。又畜养大盗胡十三、凌十一、闵廿四等,于鄱阳湖中劫掠客商货物,预蓄军资。②

先是,胡世宁为江西兵备副使,洞察其恶,乃上疏奏闻,语甚激切。宸濠亦奏世宁离间骨肉,辇金遍赂用事太监及当道大臣。都察院副都御史丛兰尤与濠密,反劾世宁狂率,拿送锦衣卫,谪戍沈阳,于是宸濠得志。凡仕江右者,俱厚其交际之礼,朝中权贵无不结交。

又这人于各处访求名士,聘为门客。锦衣千户朱宁者,小名福宁儿,云南李巡简家生子也。太监钱能镇守云南,因以为养子,名钱宁。因刘瑾得引见武宗皇帝,伏侍踢毬,以柔佞得幸,赐姓朱,冒功拜官。宁转荐伶人臧贤,亦得宠。二人招权纳贿,家累巨万,宸濠俱结为心腹。武宗皇帝屡幸臧贤之家,贤于家中造成复壁,外为木橱,橱门用锁,门内潜通密室。每每驾到,预藏宁府使者于复壁中窃听,一言一动,无不悉知。

安福县举人刘养正,字子吉,幼举神童,既中举不第,不复会试,制隐士服,以诗文自高。三司抚按折节其门,以得见为幸。濠以厚币招致,岁时馈问不绝,遂与濠昵。

李士实由翰林官至侍郎致仕,与濠为儿女亲家。士实颇有权术,以姜子牙、诸葛孔明自负，濠用为谋主。

又以丞奉刘吉、术士李自然、徐卿等，党与甚众。因武宗皇帝无子，濠谋以其子二哥为皇嗣。朱宁、臧贤与诸大阉力任其事。朝中六部九卿、科道官员亦多有为之左右者，因其事重大，未敢发言。

李士实为濠谋，通于兵部尚书陆完，题复宁府护卫，一面使南京镇守太监毕真倡率南边官员人等，保举宁王孝行。及陆完改吏部，王琼代为兵部尚书。琼策濠必反，谓陆完曰："祖宗革去护卫，所以杜藩王不轨之谋，正是保全他处。宁王再三要复护卫，不知他要兵马何用？异日恐有他变，必累及公矣。"

陆完大悔，写书于濠，欲其自以己意缴还护卫。濠不从，借护卫为名，公然招募勇健，朝夕在府中使枪弄棒。

先生闻濠反谋，乃因其贺节之礼，使门人冀元亨往谢。元亨字惟乾，钱塘举人，为人忠信可托。先生聘为公子正宪之师，故特遣行，使探听宁王举动。

却说宸濠有意结交先生，闻元亨是先生门人，甚加礼貌，渐渐言及于外事。元亨佯为不知，与谈致知格物之学，欲以开导宁王，止其邪心。

濠大笑曰："人痴乃至此耶！"立与绝。

元亨归赣，述于先生。

先生曰："汝祸在此矣。汝留此，宁王必并媒孽③及我。"

遂遣人卫之归家。④

再说宁府典宝阎顺、内官陈宣、刘良，见濠所为不法，私诣京师出首。朱宁与陆完隐其事,使人报濠。濠疑承奉周仪所使,假装强盗,尽杀其家,又杀典仗查武等数百人。复辇金京师,遍赂权要,求杀阎顺等。顺等亡命远方,乃免。于是,逆谋益急。

宁王之妃娄氏,素有贤德。[⑤]生下三子,大哥、三哥、四哥,宁王最敬重之。娄妃察宸濠有不轨之志,乃于饮宴中间,使歌姬进歌劝酒,欲以讽之,曲名《梧叶儿》,云:

> 争甚么名和利?
>
> 问甚么咱共伊?
>
> 一霎时转眼故人稀,
>
> 渐渐的朱颜易改,
>
> 看看的白发来催,
>
> 提起时好伤悲。
>
> 赤紧的可堪,
>
> 当不住白驹过隙。

宸濠听此词,有不悦之色。

娄妃问曰:"殿下对酒不乐,何也?"

宸濠曰:"我之心事,非汝女流所知。"

娄妃陪脸笑曰:"殿下贵为亲王,锦衣玉食,享用非常。若循理奉法,永为国家保障,世世不失富贵。此外,更有何心事?"

宸濠带了三分酒意,叹口气道:"汝但知小享用之乐,岂知有大享用之乐哉?"

娄妃曰:"愿闻如何是大享用、小享用。"

宸濠曰:"大享用者,身登九五之尊,治临天下,玉食万方。吾今位不过藩王,治不过数郡,此不过小享用而已,岂足满吾之愿哉?"

娄妃曰:"殿下差矣!天子总揽万几,晏眠早起,劳心焦思,内忧百姓之失所,外愁四夷之未服。至于藩王,衣冠宫室,车马仪仗,亚于天子,有丰享之奉,无政事之责,是殿下之乐过于天子也。殿下受藩镇之封,更思越位之乐。窃恐志大谋疏,求福得祸,那时悔之晚矣!"

宸濠勃然变色,掷杯于地而起。有诗为证:

造谋越位费心机,

逆耳忠言苦执迷。

天位岂容侥幸取?

一朝势败悔时迟。

娄妃复戒其弟娄伯将,勿从王为逆。伯将亦不听。宸濠起造阳春书院,僭号离宫,用酖酒毒死巡抚王哲,守臣无不悚惧。讽有司参谒,俱用朝服。各官惧其势焰,亦多从之。时鄱阳湖中屡屡失盗,尽知是宁府窃养,吞声莫诉。娄妃屡谏,不听。

兵部尚书王琼预忧其变,督责各抚臣,训兵修备。又以承奉周仪等之死,责江西抚臣严捕盗贼。南昌府获盗一伙,内有凌十一。有人认得是宁府中亲信之人,抚台孙燧密闻于王琼,宸濠使其党于狱中强劫去。叛谋益急,约定八月乡试时,百官皆进科场,然后举兵。

王琼闻凌十一被劫,怒曰:"有此贼,正好做宁府反叛证见,如何容他劫去了？"

责令有司，立限缉获。

濠恐事泄，复讽南昌诸生，颂己贤孝，迫挟抚按具奏，为之解释。

按察副使许逵劝发兵围宁府，搜获劫盗，若拿出一二人，究出谋叛之情，请旨迫夺，免得养成其患。燧犹豫不决，被濠屡次催促，巡抚孙燧不得已，随众署名，乃别奏濠不法事，列款有据。濠亦虑及此，预布心腹勇健，假装响马于北京一路，但有江西章奏，尽行劫去。

燧七次奏本，都被拦截，不得上闻，止有保举孝行的表章。濠使心腹林华同赍上京，直达天聪。

时江彬新得宠幸，冒功封平虏伯。太监张忠与朱宁有隙，遂附江彬，每欲发宁王之事，以倾朱宁，未得其便。及保奏表至，武宗皇帝问于张忠曰："保官好升他官职，保亲王意欲何为？"

忠对曰："王上更无进步，其意未可测也。"

先是，宸濠结交臧贤，伪使伶人秦荣就学音乐，谢以万金及金丝宝壶一把。忽一日，武宗皇帝驾幸臧贤家，贤注酒献上。武宗皇帝见壶，惊曰："此壶光泽巧丽，我宫中亦无此好物，汝何从得此？"

臧贤恃上之爱宠，且欲表宸濠之情，遂以实对曰："不敢隐瞒，赖万岁洪福，此乃宁殿下所赐也。"

武宗皇帝曰："宁叔有此好物，何不献我，乃赐汝耶？"

其时，优人中有小刘者，亦新得宠，独未得濠贿赂，心中怏怏。及大驾回宫，又夸金壶之美。

小刘笑曰："宁殿下不思爷爷物足矣，爷爷尚思宁殿下乎？昨保举贤孝，爷爷岂遂忘之？今朱宁、臧贤日夕与宁府交通，所得宝货无算，藏纳奸细于京中，不计其数。外人无不知，独爷爷不知耳。"

武宗皇帝遂疑臧贤。有旨，遣太监萧疏搜索贤家。又降旨：各藩使人，无事不许擅留京师。试御史萧淮遂直攻宁王，并参李士实、毕真等。给事中徐之鸾、御史沈灼等连章复上，朝廷准奏。念亲亲之情，不忍加兵，遣驸马都尉崔元、都御史颜颐寿及太监赖义往谕，革其护卫。

宁府心腹林华先在复壁中，听知金壶之语，用心打探。及闻京师挨缉奸细，又有诏使遣至江西，遂于会同馆取快马，昼夜奔驰，在路才十八日，便至南昌。

其日乃是六月十三日，正宸濠诞辰，诸司入贺，濠张宴款待。林华候至席散，方才禀奏。

濠谓李士实、刘养正等曰："凡抄解宫眷，始用驸马亲臣。今诏使远来，事可疑矣。若待科场之事，恐诏使先到，便难措手，今当如何？"

养正曰："事急矣！明且，诸司谢酒，便当以兵威胁之。"

士实曰："须是假传太后密旨，如此恁般，方好。"

商量停当，时闵廿四、凌十一、吴十三等，亦以贺寿毕集。夜传密信，令各饬兵伺候。

及且，诸司入谢，礼毕。濠出坐，立于露台之上，诈言于众曰："昔孝宗皇帝为太监李广所误，抱养民间子。我祖宗不血食者，今十四年矣。太后有密旨，命寡人发兵讨罪，共伸大义，汝等知否？"

巡抚孙燧挺身出曰："既然太后有旨，请出观之。"

濠大声曰："不必多言！我今往南京去，汝愿保驾否？"

燧曰："天无二日，民无二王，这才是大义，此外非某所知。"

濠戟手怒曰："汝既举保我孝行，如何又私遣人诬奏我谋为不轨？

如是反覆,岂知大义?"

叱左右:"与我绑了!"

按察副使许逵从下大呼曰:"孙都御史乃钦差大臣,汝反贼敢擅杀耶?"

濠怒,喝令并缚之。

逵顾燧曰:"我欲先发,公不听我言。今果受制于人,尚何言哉?"

因大骂:"宸濠逆贼,今日汝杀我等,天兵一到,你全家受戮,只在早晚!"

濠令较尉火信拽出于惠民门,斩首示众。比及娄妃闻信,急使内侍传救,已无及矣。

阳明先生有《哭孙许二公诗》二首,其一云:

丢下乌纱做一场,

男儿谁敢堕纲常。

肯将言语阶前屈,

硬着肩头剑下亡。

万古朝端名姓重,

千年地里骨头言。

史官谩把《春秋》笔,

好好生生断几行。

其二云:

天翻地覆片时间，

取义成仁死不难。

苏武坚持西汉节，

天祥不受大元官。

忠心贯日三台见，

心血凝冰六月寒。

卖国欺君李士实，

九泉相见有何颜？

时金事潘鹏，自为御史时，先受宁王贿赂，与之交通。至是，率先叩头，呼万岁。参政王伦、季敩_{敩为南安知府，从先生平贼有功，升参政}。惧祸，亦相继拜伏。布政使梁宸、按察使杨璋、副使唐锦、都指挥马骥，各各以目相视，不敢出声。

濠大喝曰："顺我者生，逆我者死！"

四人不觉屈膝。镇守太监王宏、巡按御史王金、奉差主事马思聪、金山、布政使胡濂、参政程杲、刘斐、参议许效廉、黄宏、金事赖凤、金书郑文、_{以指挥，从先生征贼有功，升今任}。都指挥许清、白昂初皆不屈。濠令系狱三日，俟其改口愿附，方释之。惟马思聪与黄宏终不肯服，不食而死，真忠臣也。

濠即日伪置官属，以吉暨、涂钦、万锐等为御前太监，尊李士实为太师，刘养正为国师，刘吉为监军都御史，参政王纶授兵部尚书，季敩等各加伪职，大盗闵廿四、吴十三、凌十一等俱授都指挥等官。南昌知府郑璹、知县陈大道俱愿降，复职管事如故。其时有瑞州知府，姓王，名以方，湖广黔阳人，素知宸濠必叛，练卒葺城，为守御计。宸濠慕其才能，屡次遣人送礼，欲招致之，以方拒而不受。至是，适有公事到于省城，逆党擒送宁府。宸濠命降，以方不从，系之于狱。

宸濠又传檄远近，革去正德年号，拟改"顺德"二字。只待南京正位，即便改元。又造伪檄，指斥乘舆，极其丑诋。时濠畜养死士二万，招诱四方盗贼渠魁四万余，又分遣心腹娄伯将、王春等肆出收兵，合护卫党与并胁从之人，共六七万余人，军势甚盛。

又用江西布政司印信公文，差人遍行天下布政司，告谕亲王三司等官举兵之意，一面修理战具。此一场，闹动了江西省城百姓。后人有诗叹云：

宁藩妄想动兵戎，

枉使机关指日穷。

可叹古今兴废迹，

鄱阳湖水血流红。

是时，福州三卫军人进贵等聚众鼓噪，朝廷命阳明先生往勘。先生以六月初九日启行，亦要赶十三日与宁王拜寿，此乃是常规。临发时，参随官龙光等取敕印作一扛，留于后堂。轿出，仓卒封门，忘其所以。行至吉安，先生登崖取敕印，方省不曾带来，乃发中军官，转回赣州取扛，以此沿途迟留，待扛至方行。六月十四日午后，刚刚行至丰城，此正孙都堂、许副使遇害之日也。若非忘记敕印，迟此数日，亦在入谢班中，同与孙、许之难矣，岂非天乎？

正是万般皆是命，

果然半点不由人。

却说丰城县离省城仅一百二十里，宁王杀害守臣不过半日，便有报到丰城了。知县顾伱谒见先生，将省中之事禀知，兼述所传闻之语："宁府已发兵千余，邀取王都堂，未知果否？"

先生分付顾伱："你自去保守地方。那宁王反情，京师久已知道，不日大兵将至。可安慰百姓，不必忧虑，本院亦即日起兵来矣。"

顾伱辞去。

先生急召龙光，问曰："闻顾知县语否？"

光对曰："未闻。"

先生曰："宁王反矣。"

龙光惊得目睁口呆。

先生曰："事已至此，惟走为上策。自此西可入瑞州，到彼传檄起兵讨贼，别无他策。"

分付管船的快快转船，连夜行去。

艄子听说反了宁王，心胆俱裂，意不愿行，来禀道："来时顺风顺水，今转去是上水，又是大南风，甚逆，难以移动。便要行，且待来早看风色如何。"

先生命取瓣香，亲至船头焚香，望北再拜，曰："皇天若哀悯生灵，许王守仁匡扶社稷，愿即反风。若天心助逆，生民合遭涂炭，守仁愿先溺水中，不望余生矣。"

言与泪下，从者俱感动。祝罢，南风渐息。须臾，樯竿上小旗飘扬,已转北风。艄子又推天晚,不行。先生大怒,拔剑欲斩之,众参随跪劝,乃割其一耳。于是张帆而上。行不上二十里,日已西沉。

先生见船大行迟,使参随潜觅渔舟。先生微服过舟,惟龙光、雷济相从,止带敕印随身,其衣冠仪仗并留大船。分付参随萧禹在内,随后而至。渔舟惯在波浪出入,拽起蓬来,梭子般去了。⑥

却说宸濠打听南赣军门起马牌,是六月初六日发的。旧规三日前发牌,算定初九日准行,如何还不见到? 难道径偷过了,或者半途晓得风声,走转去了,也不可知。此人是经济之才,若得他相助,大事可就。

遂分付内官喻才,以划船数十只追之,行至地名黄土脑,_{属丰城县。}已及大船,拿住萧禹。

禹曰:"王都爷已去久矣,拿我何益?"

喻才乃取其衣冠,回复宁王去了。正是:

鳌鱼脱却金钩去,

摆尾摇头再不来。

先生乘渔舟,径至临江,有司俱不知。先生使龙光登崖,索取轿伞。临江知府戴德孺急来迎接,款留先生入城调度。

先生曰:"临江,大江之滨,与省城相近,且居道路之冲,不可居也。"

德孺曰:"闻宁王兵势甚盛,何以御之?"

先生曰:"濠出上策,乘其方锐之气,出其不意,直趋京师,则宗社

先生奉命查处福建乱军,以六初九发赣州,十五日至丰城黄土脑。知县顾必遣史走报:宁府宸濠杀都御史孙燧、副使许逵,并缚各官,拘印信,放囚劫库,直取南京北上。先生吁于天,誓死讨贼。祷北风,风果北,觅渔舟以遁。濠兵追之不及。

危矣。若出中策，则径攻南京，大江南北，亦被其害。但据江西省城，则勤王之师四集，鱼游釜中，不死何为？此下策矣。"

德孺曰："以老大人明见度之，当出何策？"

便已算定宁王了，办贼何有？

先生曰："宁王未经战阵，中情必怯。若伪为兵部咨文：'发兵攻南昌。'彼必居守，不敢远出。旬日之间，王师四集，破之必矣！"

德孺请先生更船，先生辞之，止取黄伞以行。至新淦，于船中张伞。知县李美有将才，素练士卒，有精兵千余。至是，来迎先生，固请登城。

先生曰："汝意甚善，然弹丸之地，不堪用武。"

李美具站船，先生始更舟，先后共行四昼夜，方至吉安。

知府伍文定闻先生至，大喜，急来谒见。先生欲暂回南、赣征兵。

伍文定曰："本府兵粮俱已勉力措置，亦须老大人发号施令，不必又回，稽误时日。"

绝妙一个大帮手。若暂回南赣，局面又当一变矣。

先生乃驻扎吉安。上疏告宁府之变，请命将出师，以解东西倒悬之苦。并请留两广差满御史谢源、任希儒军前纪功。一面请致仕卿官王懋中等，与知府伍文定及门人卿官邹守益等一同商议，遵便宜之制，传檄四方，暴濠之罪状，征各郡兵勤王。又遣龙光于安福，取刘养正家小至吉安城中，厚其供给，遗书养正，以疑宁贼之心。又访着李士实家属，谬托腹心，语之曰："吾只应敕旨聚兵为名而已，宁王事成败未卜，吾安得遽与为敌乎？"

王公精于用间。

又令参随雷济，假作南、赣打来报单，内开报兵部准令：

许泰、郤永，分领边军四万，从凤阳；

刘晖、桂勇，分领京边官军四万，从徐、淮，水陆并进；

王守仁，领兵二万，

杨旦等，领兵八万，

陈金等，领兵六万，分道夹攻南昌。

原奉机密敕旨，各军缓缓而行，只等宸濠出城，前后遮击，务在必获。[7]

又伪作两广机密火牌，内云：

都御史颜睿奉兵部咨，率领狼达官兵四十八万，前往江西公干。

先生又自作文书，各处投递，说：

各路军马，俱于南昌取齐。本省各府县速调集军马，刻期接应。

又于丰城县张疑兵，作为接济官兵之状。又取新淦优人十余名，各将约会公文一角，并抄报，卑火牌缝于衣袂之中，厚赐路费，纵之南行，被宁府伏路小军所获，解至王府。

原来李士实、刘养正等果劝宸濠由蕲黄直趋北京，不然，亦须先据南京。根本既定，方可号召天下。宸濠初意欲听其谋，因搜优人身伴，见了督府公文，以为王师大集，且暮且至，遂不敢出城，但多备滚木礌石，为守城之计。

李士实复言于宸濠曰："朝廷方遣驸马，安得遽发边兵？此必守仁

不出王公所料。

缓兵之计也。王负反叛之名,不务风驰雷击,而困守一隅,徐待四方兵集,必无幸矣。宜分兵一支,打九江府,若得此郡,内有二卫军,足可调用。再分兵一支,打南康府。殿下亲率大军直趋南京,先即大位。天下之贪富贵者翕然来归,大业指日可定也。"

宸濠意尚犹豫,⑧一面打探官军消息,一面先遣闵廿四、吴十三等,各帅万人,夺官民船装载,顺流去打南康。知府陈霖遁走,城遂陷。进攻九江府,知府汪颖、知县何士凤及兵备副使曹雷亦遁,九江百姓开门以纳贼兵。闵廿四、吴十三分兵屯守,飞报捷音。

宸濠大喜曰:"出兵才数日,连得二郡,又添许多钱粮军马,吾事必成矣!"

遂遣贼将徐九宁守九江,陈贤守南康,俱冒伪太守之号。闵廿四、吴十三撤回,随大军征进。因遣使四出,招谕府属各县降者,复官如故。

恰好打探官军的回报道:"火牌报单都是军门假造出来的,各路军马并无消息。王都堂安坐吉安府中,闻说已发牌属郡,约会军马,尚未见到。"

宸濠谓投降参政季敩曰:"汝曾与王守仁同在军中,能为我往吉安招降守仁,汝功不浅。"

季敩不敢推托,即同南昌府学教授赵承芳及旗较等十二人,赍伪檄榜文,来谕吉安府,并说先生归顺宁王。

先生先有文移:

各路领哨官把守信地,如有宁府人等经过,不拘何人,即行绑送军门勘究。

敉等行至墨潭地方,被领哨官阻住。

季敉喝曰:"我乃本省参政,汝何人?敢来拦截。"

领哨官曰:"到此何事?"

季敉曰:"有宁府檄文在此。"

旗较将檄文牌面与领哨官观看,领哨官遂将旗较拿住,季敉慌忙回船逃去。

领哨官晓得参政是个大官,不敢轻动,止将旗较五名连檄榜解至军门来。

先生问:"季敉何在?"

领哨官曰:"已逃矣。"

先生叹曰:"忠臣孝子与叛臣贼子,只在一念之间。季敉向日立功讨贼,便是忠臣;今日奉贼驱使,便是叛臣。为舜为跖,毫厘千里,岂不可惜?"

先生欲将旗较斩首,思量恐有用他之处,乃发临江府监候。遂将伪檄具疏驰奏。略曰:

陛下在位一年,屡经变难,民心骚动,尚尔巡游不已,致使宗室谋动干戈。且今天下之觊觎,岂特一宁王?天下之奸雄,岂特在宗室?言及至此,懔骨寒心。昔汉武帝有轮台之悔,而天下向治;唐德宗下奉天之诏,而士民感泣。伏望皇上痛自克责,易辙改弦,罢黜奸谀,以回天下豪杰之心;绝迹巡游,以杜天下奸雄之望,则太平尚可图。臣不胜幸甚！

知府伍文定请先生出兵征进，先生曰："彼气方锐，未可急攻。必示以自守不出之形，诱其离穴，然后尾其后而图之。先复省城，以捣其巢，彼闻，必回兵来援，我因邀而击之。兵法所谓致人而不致于人也。"

乃敛兵自守，使人打听南昌消息。

再说娄伯将回进贤家中募兵，知县刘源清捕而斩之，尽召城外巨室入城，坚其三门，誓众死守。又贼党有船数只，为首者自称七殿下，往龙津夺运船。驲丞孙天佑禀余干知县马津，津使率兵拒战，射杀数人，七殿下麾舟急退。又贼党袁义官自上流募兵百余，还过龙津，亦被天佑追杀，焚其船。濠怒，将先取进贤、余干，然后东下。

李士实曰："若大事既定，彼将焉逃？"

濠乃止。于是，二府之民不尽从贼，皆二县三人之力也。

再说季教自墨潭逃回，来见宁王，述旗较被擒之事。宸濠大怒，乃问王守仁出兵消息。季教惧罪，乃答曰："王守仁只可自守，安敢与殿下作敌？"

濠信之。

以王师未集，乃伏兵万余，命宜春王栱橔，同其子三哥、四哥，与伪大监万锐等，分付坚守省城，多设灰瓶、火炮、滚粪、石弩之类，又伏兵一枝于城外，以防突城。自与娄妃及世子大哥、宗室栱栟、刘养正、李

150

士实、杨璋、潘鹏等,择七月初二日,发兵东下。伪封宗弟宸濠为九江王,使率百舟前导。

是早,宸濠入宫,请娄妃登舟。娄妃尚未知其意,问曰:"殿下邀妾何往?"

宸濠曰:"近日太后娘娘有旨,许各亲王往南京祭祖。我同汝一往,不久便回。"

娄妃半信半疑,只得随行。

濠登舟之时,设坛祭江,命斩端州知府王以方,以之代牲。方奠牲之时,几案忽折,以方头足自跳跃覆地,宸濠命弃之于江。

舟始发,天忽变,云色如墨,疾风暴雨,雷电大作。前舟宸潓被霆震而死,濠意不乐。

李士实曰:"事已至此,殿下能住手否?天道难测,不足虑也。"

濠索酒痛饮,即醉卧于椅上,梦见揽镜,其头尽白如霜,猛然惊醒。唤术士徐卿问之,卿叩首称贺曰:"殿下贵为亲王,而梦头白,乃皇字也。此行取大位必矣!"

时兵众有六七万人,号为十万,尽夺官民船只装载,旌旗蔽江而下,相连六十余里,有诗为证:

杀气凄凄红日蔽,

金鼓齐鸣震天地。

艨艟压浪鬼神惊,

旌旆凌空彪虎聚。

流言管蔡似波翻,

人心示微〔如〕此,濠是〔时〕束身归罪,尚可自活。以骑虎不下,自取覆灭,愚哉!

争锋楚汉如儿戏。

难将人力胜天心，

一朝扫尽英雄气。

贼兵一路攻掠沿江各县，将及安庆，知降佥事潘鹏安庆人，先遣鹏持伪檄往安庆谕降。太守张文锦召都指挥杨锐问计，锐曰："王都堂前有牌面来，分付紧守信地，大兵不日且至。今潘鹏来谕降，当力拒之。"

正欲激逆濠之怒。

杨锐登城楼，谓潘鹏曰："佥事乃国家宪臣，奈何为反贼奴隶传语？宁王有本事，来打安庆城便了。"

潘鹏曰："汝且开城门，放我进来，有话商量。"

杨锐曰："要开门，除是逆濠自来。"

遂弯弓搭箭，欲射潘鹏。潘鹏羞惭满面而退，回报宸濠。

宸濠怒曰："谅一个安庆，有甚难打？"

李士实谏曰："殿下速往南都正位，何愁安庆不下？"

宸濠默然。

船过安庆城下，杨锐曰："若宁王直走南京，便成大势，当以计留之。"

守安庆，留宁王，全得杨锐力。后王公叙功疏，独不及锐，何耶？

乃建旗四隅，大书"剿逆贼"三字，濠闻而恶之。锐又使军士及百姓环立城头，辱骂："宸濠反贼，不日天兵到来，全家剿灭！"千反贼万反贼的骂。

宸濠在舟中听得外面喧嚷，问其缘故。

潘鹏曰："此即指挥杨锐使军民辱骂殿下。"

宸濠大怒曰："我且攻下安庆，杀了杨锐，然后往南京未迟。"

乃掠其西郭，遂围正观、集贤二门。濠乘黄舰，泊黄石矶，亲自督战。

潘鹏欲借宁贼以报锐仇，不知反中锐计也。

安庆城池坚固，又兼张文锦和杨锐料理已久，多积炮石及守城之器。军卫卒不满百人，乘城者皆民兵，阖户调发，老弱妇女，亦令馈饷。登城者必带石块一二，石积如山。又暑渴，置釜于城上，煮茶以饮之。贼攻城，辄投石击之，或沃以沸汤，贼不敢近。贼拥云楼，睹城中，将乘城，城中造飞楼数十，从高射贼，贼多死。夜复募死士缒城，焚其楼。贼又置云梯数十，广二丈，高于城外，蔽以板，前后有门，中伏兵。城上束藁沃膏，燃其端，俟梯至，投其中，燥木着火即燎，贼多焚死。锐又射书贼营，谕令解散。贼兵转相传语，多有逃去者。锐又募死士，夜劫其营，贼众大扰，至晓始定。

濠问篙工曰："此地何名？"

对曰："黄石矶也。"

"黄石矶"音声与"王失机"相近。濠恶其言，拔剑斩之，谓其徒曰："一个安庆，且不能克，安望金陵哉？"

于是亲自运土填堑，期在必克。

话分两头，再说先生所差探听南昌消息的，引着安庆逃回被掳船户，一同回报："打听得宁王于七月初二日起大兵，从水路而下，见今围住安庆城攻打，势甚危急。其南昌守备甚固，闻说城外又有伏兵，未知何处。"

先生发放船户，重赏探子，着再去打探伏兵的实信回话。

众将请救安庆。

先生曰："今九江、南康皆为贼所据，而南昌城中精悍尚且万余，食货重积。我兵若抵安庆，贼必回军死斗。安庆之兵仅足自守，必不能援我于湖中。南昌之兵绝我粮道，而九江、南康之贼合势挠摄，四方之援又不可望，大事去矣。今各郡官兵渐次齐集，先声所加，城中必已震慑。因而并力以攻省城，其势必下。既破南昌，贼先丧胆，彼欲归救根本，则安庆之围自解，而濠亦可擒矣。"

遂以本月十三日，自吉安起马，与诸将刻期于十五日齐会于临江府漳滋地方。于是，各属府县兵将并至。初欲登台誓师，先生以积劳病发，勉强书一牌，呼知府伍文定、邢珣、徐琏、戴德孺四人授之。

牌上写云：

伍不用命者斩队将，队将不用命者斩副将，副将不用命者斩主将。

先生曰："军中无戏言。此是实语，不相诳也。"

文定等皆暗暗吐舌。大军行至丰城，南昌府推官徐文英因查盘在外，独不与难。奉新知县刘守绪皆引兵壮来会，悉留军前听用。先生病亦稍可，乃分军为十三哨，各示以进攻屯守之宜。

第一哨：吉安府知府伍文定，统部下官军兵快四千四百二十一员名，进攻广润门；就留兵防守本门，直入布政司屯兵，分兵把守王府内门。

第二哨：赣州府知府邢珣，统部下官军兵快三千一百三十余员名，

権衡利害，如指诸掌。此孙子教韩直走魏都之计。

比出师，聚柴围公署。诸夫人问故。曰："我
若兵败，即以焚汝。"夫人惊泣，以大义折之而行。

进攻顺化门；就留兵防守本门，直入镇守府屯兵。

第三哨：袁州府知府徐琏，统部下官军兵快三千五百三十员名，进攻惠民门；就留兵防守本门，直入按察司察院屯兵。

第四哨：临江府知府戴德孺，统部下官军兵快三千六百七十五员名，进攻永和门；就留兵防守本门，直入都察院提学分司屯兵。

第五哨：瑞州府通判胡尧元、童琦，统部下官军兵快四千员名，进攻章丘门；就留兵防守本门，直入南昌卫前屯兵。

第六哨：泰和县知县李缉，统部下官军兵快一千四百九十二员名，夹攻广润门；直入王府西门屯兵。

第七哨：新淦县知县李美，统部下官军兵快二千员名，进攻德胜门；就留兵防守本门，直入王府东门屯兵。

第八哨：中军赣州卫都指挥余恩，统部下官军兵快四千六百七十员名，进攻进贤门；直入都司屯兵。

第九哨：宁都县知县王天与，统部下官军兵快一千余员名，夹攻进贤门；就留兵防守本门，直入钟楼下屯兵。

第十哨：吉安府通判谈储，统部下官军兵快一千五百七十六员名，夹攻德胜门；直入南昌左卫屯兵。

第十一哨：万安县知县王冕，统部下官军兵快一千二百五十七员名，夹攻进贤门；就把守本门，直入阳春书院屯兵。

第十二哨：吉安府推官王晖，统部下官军兵快一千余员名，夹攻顺化门；直入南、新二县儒学屯兵。

第十三哨：抚州府通判邹琥、傅南乔，统部下官军三千余员名，夹攻德胜门；就留兵防守本门，随于城外天宁寺屯兵。⑨

先生分拨已定，期定十九日至市汊。二十日黎明，各至信地。临发，绑不用命者数人，斩首以徇，各军无不股栗。不知所斩者，乃密取临江府监候赍伪檄之旗较也。先生权术不测，类如此。

再说宸濠攻打安庆十有八日，城中随机应变，并无挫折。宸濠正在心焦，忽接得南昌告急文书，说："王都堂大军已至丰城，将及省下。城中军民震骇，乞作急分兵归援。"

宸濠大惊，便欲解围而归。

李士实曰："若殿下一回，则军心离矣。"

宸濠曰："南昌我之根本，如何不救？"

刘养正亦曰："今安庆音问不通，破在旦夕。得了安庆，以为屯止之所，然后调集南康、九江之兵，齐救省城，官军见我兵势浩大，不战而退矣。"

濠张目视曰："汝家属受王守仁供养，欲以南昌奉之耶？"

二人乃不敢复言。

先生先遣探卒打探得南昌伏兵千余，在新旧坟厂地方。乃使奉新县知县刘守绪同千户徐诚，领精兵四百，从间道袭之，出其不意。伏兵一时溃散，齐奔南昌城来。城中骤闻王都堂兵至，杀散伏兵，人人惊骇，传相告语，俱怀畏避之意。

二十五日五更，各哨俱照依派定信地进发。先生复申明约束：

一鼓附城，再鼓登城，三鼓不克，诛其伍，四鼓不进，诛其将。

各哨统兵官知先生军令严肃，一闻鼓声，呼噪并进。伍文定兵梯绹先登，守贼军士见军势大，皆倒戈狂走。城中喊声大振，四下鼎沸，砍开城门，各路兵俱入，遂擒宜春王栱樤及宁王之子三哥、四哥并伪太监万锐等，共千有余人。宫眷情急，纵火自焚。可怜眷属百数，化作一阵烟灰，哀哉！

火势猛烈，延烧居民房屋。先生统大队军兵入城，传令各官，分道救火，抚慰居民。火熄后，伍文定等都来参见，将捉到人犯押跪堂下。先生审明发监，封其府库，搜获原收大小衙门印信九十六颗，人心始安。于是，胁从官胡濂原布政。刘斐原参政。许效廉原参议。唐锦原副使。赖凤原佥事。及南昌知府郑瓛、同知何继周、通判张元澄、南昌知县陈大道、新建知县郑公奇，皆自投首，先生俱安慰之。有诗为证：

皖城方逞螳螂臂，

谁料洪都巢已倾。

赫赫大功成一鼓，

令人千载美文成。

先生又打探得宁王已解安庆之围，移兵于沅子港，先分兵二万，遣凌十一、闵廿四分率之，疾趋南昌，自帅大军随后而进，时乃二十二日也。先生闻报，大集众将问计。

众皆曰："贼势强盛，今既有省城可守，且宜敛兵入城，坚壁观衅，俟四方援兵至，然后图之。"

先生笑曰："不然。贼势虽强，未逢大敌，惟以爵赏诱人而已。今进不得逞，退无所归，其气已消沮。若出奇兵击其惰归，一挫其锐，将不战自溃，所谓先人有夺人之心也。"

适抚州知府陈槐、进贤知县刘源清各引兵来助战。先生乃遣伍文定、邢珣、徐琏、戴德孺各领兵五百，分作四路并进。又遣余恩，以兵四百，往来于鄱阳湖上，诱致贼兵。又遣陈槐、胡尧元、童琦、谈储、王晔、徐文英、李美、李楫、王冕、王轼、刘守绪、刘源清等，各引兵百余，四面张疑设伏，候文定等交锋，然后合击。分布已定，乃开仓，大赈城中军民人等。又虑宗室郡王将军，或为内应生变，亲自慰谕，以安其心。出告示云：

督府示谕：省城七门内外军民杂役人等，除真正造逆不赦外，其原役宁府被胁伪授指挥、千百户、较尉等官，及南昌前卫一应从乱杂色人役，家属在省城者，仰各安居乐业，毋得逃窜。父兄子弟有能寄信本犯，迁善改过，擒获正恶，诣军门报捷者，一体论功给赏。逃回投首者，免其本罪。其有收藏军器，许尽数送官。各宜悔过，毋取灭亡。特示。[10]

写下二十余通，发去城内城外居民及乡导人等，于七门内外，各处粘贴传布，以解散其党。

二十三日，濠先锋凌十一、闵廿四已至樵舍，风帆蔽江，前后数十里。我兵奉军令，乘夜趋进。伍文定以正兵当其前，余恩继其后，邢珣引兵绕出贼背，徐琏、戴德孺分左右翼，各自攻击，以分其势。

二十四日早，北风大起，贼兵鼓噪，乘风而前，直逼黄家渡，离南

王公遇事，真是看得物底，所以动必有功。

昌仅三十里。伍文定之兵才战,即佯为败走。余恩复战,亦佯退。贼得志,各船争前趋利,前后不相连。邢珣兵从后而进,直贯其中,贼船大乱。伍文定、余恩督兵乘之,徐琏、戴德孺合势夹攻,四面伏兵,纷纷扰扰,呼噪而至,满湖都是官军,正没摆布那一头处。凌十一、闵廿四不过江湖行劫,几会曾见这等战阵,心胆俱落,急教回船,贼兵遂大溃。官军追赶十余里,擒斩二千余级,凌十一中箭落水,贼徒死于水者万数。闵廿四引着残卒数千,退保八字脑,手下兵士渐渐逃散。宸濠闻败,大惧,尽发九江、南康守城之兵以益师。

先生探听的实,曰:"贼兵已撤,二郡空虚矣。不复九江,则南兵终不敢越九江以援我;不复南康,则我兵亦不能逾南康以蹑贼。"

乃遣抚州知府陈槐领兵四百,合饶州知府林瑊兵,往攻九江。适建昌知府曾玙兵亦到,即遣玙率兵四百,合广信知府周朝佐兵,往取南康。

二十五日,宸濠立赏格以激励将士。当先冲锋者,赏银千两,对阵受伤者,赏银百两,传令并力大战。其日北风更大,贼船乘风奋击。伍文定率兵打头阵,因风势不顺,被杀数十人。先生望见官军将有退却之意,急取令牌,将剑付中军官,令斩取领兵官伍文定头示众,且暗嘱云:"若能力战,姑缓之。"

文定见牌,大惊,亲握军器立于船头,督率军士,施放铳炮。风逆,火燎其须,不顾,军士皆拼命死战。邢珣等兵俱至,一齐放炮,炮声如雷震天,将宸濠副舟击破,闵廿四亦被炮打死。濠大骇,将船移动,贼遂溃败,擒斩复二千余,溺死无算。

濠乃聚兵屯于樵舍,连舟结为方阵,四面应敌。尽出金银,赏犒将士,约来日决一死敌。

先生乃密为火攻之具,使邢珣击其左,徐琏、戴德孺击其右,余恩等各官分兵四面暗伏,只望见火发,一齐合战。

二十六日早,宸濠方朝群臣,责备诸将不能力战,以致连败。喝教先将三司各官杨璋、潘鹏等十余人绑起,责他坐观成败,全不用心,欲斩之以立法。璋等立辩求免。正在争论之际,忽闻四下喊声大举。伍文定引着官军,用小船载荻,乘风纵火,火烈风猛,延烧贼船。但见:

浓烟蔼蔼,

青波上罩万道乌云;

紫焰烘烘,

绿水中布千层赤雾。

三军慌乱,

个个心惊胆裂,

撇鼓丢锣;

众将惊惶,

各各魄散魂消,

投戈弃甲。

舴艋艨艟,

一霎时变成煨烬;

旗旛剑戟,

须臾顷化作灰尘。

分明赤壁遇周瑜,

好似咸阳逢项羽。

各路伏兵望见火光,并力杀来。贼舟四面皆火,栱栟二人被火焚烧,奔出船舱,为官军所杀。王春、吴十三亦被擒获。先生使人持大牌晓谕各军,牌上写云:

逆濠已擒,诸军勿得纵杀。愿降者听。

诡言得濠,以壮我而怠敌,此先生妙用。

各军闻之,信以为然,勇气百倍。濠军莫不丧气,争觅小舟逃命。⑪

宸濠知事不济,亦欲谋遁,与娄妃泣别曰:"昔人亡国,因听妇人之言。我为不听贤妃之言,以至如此。"

娄妃哽咽,不能出声,但云:"殿下保重,勿以妾为念。"

言毕,与宫娥数人跳下湖中而死。宸濠心如刀刺。万锐觅得划船来到,濠变服,同锐下了划船,冒着兵戈而走,还带有宫女四人。万安县知县王冕受先生密计,假装渔船数只,散伏芦苇。望见划船有些跷蹊,慌忙摇拢来看。宁王认是渔船,唤曰:"渔翁渡我,当有厚报。"

濠既下渔船,船上一声哨子,众船皆至。宸濠自知不免,亦投于水。逢浅处,立水中不死。军士用长篙挽其衣而执之。

是时,伍文定、邢珣等乘胜杀入,先擒世子大哥及宫眷等,其伪党李士实、刘养正、刘吉、屠钦、熊琼、卢珩、卢璜、丁馈、秦荣、葛江、刘勋、何镗、吴国七、火信、喻才、李自然、徐卿等数百人,前后俱被擒获,无一漏者。复执胁从王宏、原镇守太监。王金、原巡按。杨璋、原按察使。金山、

二十六日，官军用火攻之。濠方朝群臣，责诘
所执三司，铳声四起，四顾无兵，乃与妃嫔泣别。
妃嫔争赴水死，三司走官军舟得免。万安兵遂执
宁王。知县王冕执先登之旗以献俘。先生命二指
挥夹扶之，置于清军察院。观者堵立，欢声动天地。

原主事。程果、原参政。潘鹏、原金事。梁宸、原布政使。郏文、马骥、白昂俱指挥。等。王纶、季敩赴水死。擒斩共三千余人，落水者二万有余，衣甲、器械、财物与浮尸横十余里。复分兵搜剿零贼于昌邑、吴城各处，擒斩殆尽。

湖口县知县章玄梅迎先生坐于城中，察院王冕解宸濠入城献功。濠望见远近街衢行伍整肃，笑曰："此是我家事，何劳王都堂这等费心？"

既见先生，遂拱手曰："濠做差了事，死自甘心。但娄妃每每苦谏勿叛，乃贤妃也。已投水而死，望善葬之。"

先生即遣中军官同宫监一人前往识认，只见渔舟载有一尸，周身衣服，皆用线密密缝紧。渔人疑有宝货在身，正欲搜简，就被宫监认出是娄妃，取来盛殓，埋葬于湖口县之城外，至今称为贤妃墓。

是日，众官俱来相见。先生下堂，执伍文定之手，曰："今番破贼，足下之功居多。本院即当首列，必有不次之擢。"

文定曰："仗圣天子洪福、老大人妙算，知府何功之有？"

先生曰："斩阵先登，人所共知，不必过谦。"

其余邢珣、余恩等，各以温言慰劳。众人各欢喜而退。

次日，先生正在军中整理军务，中军官报单，报道：

知府陈槐、曾玙等分兵攻南康、九江，贼兵出战，俱为官军所败。陈槐阵上斩了徐九宁，知县何士凤开门以迎王师，将城中余贼尽行诛剿。南康百姓闻官军薄城，共杀陈贤，二郡悉平。

于是，贼党俱尽。

　　见素林公俊闻濠变,即夜遣人范锡为佛郎机
铳,并抄火药方,遣两仆自莆阳裹粮,从间道冒暑
昼夜行三千余里,手书勉先生竭力讨贼。比至,
则濠已擒七日。先生感激泣下,以世之当其任者
犹畏难巧避,而公忠诚出天性,老而弥笃,身退而
忧愈深,节愈励。为《书佛郎机遗事》,⑫命同志
和之。

按：宸濠自六月十四日举逆，至七月十六日被获，前后共四十二日。先生自七月十三日于吉安起马，至二十六日成功，才十有四日耳。自古勘定祸乱，未有如此之神速者。但见成功之易，不知先生擘画之妙也。

是日，门生邹守益入见，贺曰："且喜老师成百世之功，名扬千载。"

先生曰："功何敢言？且喜昨晚沉睡。"

盖自闻报后，晓夜焦劳，至是，始得安枕矣。

先生口占一律，云：

甲马秋惊鼓角风，

旌旗晓拂阵云红。

勤王敢在汾淮后，

恋阙真随江汉东。

群丑漫劳同吠犬，

九重端合是飞龙。

涓埃未尽酬沧海，

病懒先须伴赤松。[13]

是日，先生传令班师，暂回省城。城中听知王师凯旋，军民聚观者不下万数。宸濠坐在小轿之中，其余贼党俱各囚车锁押。前后军兵拥卫，一个个枪刀出鞘，盔甲鲜明。才至中街，两傍看者欢声如沸，莫不以手加额，曰："我等今日方脱倒悬之苦，皆王都爷之赐也。"

先生到察院下马，大会众官商议。除将宁王并世子郡王、将军、仪宾，伪授太师、国师、元帅、都督、指挥等官，各分别收监候解，其胁从等官，并各宗室，别行另奏。将擒斩俘获功次，发纪功。

御史谢源、伍希儒审验明白，造册。先生于三十日上捷报，据册开：

生擒首贼，一百零四名。

生擒从贼，六千一百七十五名。内审放胁从一千一百九十三名。

斩获贼级，共四千四百五十九颗。

俘获贼属男妇，二百三十八名口，宫人四十三名。

夺回被胁被掳官民人等，三百八十四员名口。

招抚畏服投首，一百九十三位名。

夺获符验一道，金玺二颗，金册二副，印信关防一百零六颗。

金并首饰，六百二十三两一钱二分；银首饰器皿，八万三千八百九十七两一钱五分零。

赃仗，一千八百九十件。

器械，一千一百九十九件。

牛，三十头；马，一百九匹；驴骡，十三头；鹿，三只。

烧毁贼船，七百四十三只。

后人有诗一绝，诵先生之功云：

指挥谈笑却莱夷，

千古何人似仲尼?

旬日之间除叛贼,

真儒作用果然奇。

注 释

/// 1

"秦荣"应为"秦滦"。据《年谱》,"初,宁献王臞仙传惠、靖、康三王,康王久无子,宫人南昌冯氏以成化丁酉生濠。康王梦蛇入宫,咬人殆尽,心恶之,欲弗举,以内人争免,遂匿优人家,与秦滦同寝处。稍长,淫宫中。康王忧愤且死,不令入诀。弘治丙辰袭位,通书史歌词。"(《王阳明全集》卷三十四,第1391页。)

/// 2

"胡十三"应为"吴十三","闵廿四"又作"闵念四"。据《擒获宸濠捷音疏》:"兼又招纳叛亡,诱致剧贼渠魁如吴十三、凌十一之属,牵引数千余众,召募四方武艺骁勇、力能拔树排关者亦万有余徒。"(《王阳明全集》卷十二,第449页。)另据《案行浙江按察司交割逆犯暂留养病》:"擒获宁王宸濠及逆党李士实、刘养正、王春等,贼首吴十三、凌十一、闵念四、吴国七、闵念八等。"(《王阳明全集》卷十七,第654页。)

/// 3

"媒孽",媒为酒母,孽为曲。酝酿之意,比喻构陷诬害,酿成其罪。出自《汉书·司马迁传》:"今举事一不当,而全躯保妻子之臣随而媒孽其短,仆诚私心痛之。"臣瓒曰:"媒谓遘合会之,孽谓为生其罪罍也。"颜师古曰:"媒如媒娉之媒,孽如曲孽之孽。一日齐人谓曲饼为媒也。"(《汉书》卷六十二,中华书局,1962年,第2729—2731页。)

/// 4

冀元亨,湖广常德府武陵县举人,王阳明谪戍龙场,冀元亨曾从讲学。阳明至南赣,延之教子。"偶值宸濠饰诈要名,礼贤求学,本职因使本生乘机往见宸濠,冀得因事纳规,开陈大义,沮其邪谋;如其不可劝喻,亦因得以审察动静,知其叛逆迟速之机,庶可密为御备。本生既与相见,议论大相矛盾,宸濠以本职所遣,一时虽亦含忍遣发,而毒怒不已,阴使恶党,四出访缉,欲加陷害;本生素性愿恪,初不之知,而本职风闻其说,当遣密从间道潜回常德,以避其祸。"(《咨六部伸理冀元亨》,《王阳明全集》卷十七,第673页。)另据《书佛郎机遗事》:"初,予尝使门人冀元亨者因讲学说濠以君臣大义,或格其奸。濠不怿,已而滋怒,遣人阴购害之。冀辞予曰:'濠必反,先生宜早计。'遂遁归。"(《王阳明全集》卷二十四,第1015页。)

/// 5

娄妃为阳明的启蒙老师娄谅之女,据《年谱》:"娄为
谅女,有家学,故处变能自全。"(《王阳明全集》卷
三十四,第1398页。)

/// 6

王阳明遇北风之事见《飞报宁王谋反疏》,"方尔回程,
随有兵卒千余已夹江并进,前来追臣。偶遇北风大作,
臣亦张疑设计,整舟安行,兵不敢逼,幸而获免。"(《王
阳明全集》卷十二,第434页。)据《咨两广总制都御史
杨共勤国难》,"于六月初九日自赣启行,于本月十五日
行至丰城县地名黄土脑","各官竞阻本职,不宜轻进。
本职自顾单旅危途,势难复进,方尔回程,随有兵卒千
余已夹江并进来追,偶遇北风大作,本职亦张疑设计,
整舟安行,兵不敢逼,幸而获免。"(《王阳明全集》卷
十七,第634页。)一为向皇帝的奏折,一为与同僚的咨
文,王阳明均称是偶遇北风。

据龙光所述,"是年六月十五日,公于丰城闻宸濠之变。
时参谋雷济、萧禹在侍,相与拜天誓死,起兵讨贼。欲
趋还吉安,南风正急,舟不能动。又痛哭告天,顷之,
得北风。宸濠追兵将及,潜入小渔船,与济等同载,得
脱免。"(钱德洪《征宸濠反间遗事》,《王阳明全集》卷
三十九,第1626页。)

与阳明随行的雷济叙述此事较详:"夫子昔在丰城闻

变，南风正急，拜天哭告曰：'天若悯恻百万民命，幸假我一帆风！'须臾风稍定，顷之，舟人欢噪回风。济、禹取香烟试之舟上，果然。久之，北风大作。宸濠追兵将及时，夫人、公子在舟。夫子呼一小渔船自缚，敕令济、禹持米二斗，腌鱼五寸，与夫人为别。将发，问济曰：'行备否？'济、禹对曰：'已备。'夫子笑曰：'还少一物。'济、禹思之不得。夫子指船头罗盖曰：'到地方无此，何以示信？'于是又取罗盖以行。 明日至吉安城下，城门方戒严，舟不得泊岸。济、禹揭罗盖以示，城中遂欢庆曰：'王爷爷还矣。'乃开门罗拜迎入。于是济、禹心叹危迫之时，暇裕乃如此。"（钱德洪《征宸濠反间遗事》，《王阳明全集》卷三十九，第1631页。）

事后，阳明曾有诗追忆拜北风：《丰城阻风（前岁遇难于此，得北风幸免）》："北风休叹北船穷，此地曾经拜北风。勾践敢忘尝胆地？齐威长忆射钩功。桥边黄石机先授，海上陶朱意颇同。况是倚门衰白甚，岁寒茅屋万山中。"（《王阳明全集》卷二十，第846页。）阳明晚年平思田之乱时，《重登黄土脑》："一上高原感慨重，千山落木正无穷。前途且与停西日，此地曾经拜北风。剑气晚横秋色净，兵声寒带暮江雄。水南多少流亡屋，尚诉征求杼轴空。"（《王阳明全集》卷二十，第877页。）

/// 7

"陈金"，应为"秦金"。事见钱德洪《征宸濠反间遗事》，《王阳明全集》卷三十九，第1627页。

/// 8

宸濠一疑，为阳明赢得了战机。据龙光对钱德洪所言，"昔夫子写杨公火牌将发时，雷济问曰：'宁王见此恐未必信。'曰：'不信，可疑否？'对曰：'疑则不免。'夫子笑曰：'得渠一疑，彼之大事去矣。'既而叹曰：'宸濠素行无道，残害百姓，今虽一时从逆者众，必非本心，徒以威劫利诱，苟一时之合耳。纵使奋兵前去，我以问罪之师徐蹑其后，顺逆之势既判，胜负预可知也。但贼兵早越一方，遂破残一方民命。虎兕出柙，收之遂难。为今之计，只是迟留宸濠一日不出，则天下实受一日之福。'"（钱德洪《征宸濠反间遗事》，《王阳明全集》卷三十九，第1630页。）

/// 9

第五哨"章丘门"应为"章江门"，第六哨"李缉"应为"李楫"。据王阳明《牌行各哨统兵官进攻屯守》，分军为十二哨，其中第七哨分列"李美"与"余恩"；冯梦龙将"余恩"列为第八哨，以后依次相差一哨。（《王阳明全集》卷十七，第642—643页。）另见《江西捷音疏》，《王阳明全集》卷十二，第441—442页。

/// 10

《告七门从逆军民》，《王阳明全集》卷十七，第645页。

/// 11

"夫子应变之神真不可测。时官兵方破省城，忽传令造免死木牌数十万,莫知所用。及发兵迎击宸濠于湖上,取木牌顺流放下。时贼兵既闻省城已破,胁从之众俱欲逃窜无路,见水浮木牌,一时争取,散去不计其数。二十五日,贼势尚锐,值风不便,我兵少挫。夫子急令斩取先却者头。知府伍文定等立于铳炮之间,方奋督各兵,殊死抵战。贼兵忽见一大牌书:'宁王已擒,我军毋得纵杀!'一时惊扰,遂大溃。"(钱德洪《征宸濠反间遗事》,《王阳明全集》卷三十九,第1631页。)

/// 12

《书佛郎机遗事》,《王阳明全集》卷二十四,第1014—1015页。

/// 13

《鄱阳战捷》,《王阳明全集》卷二十,第830页。

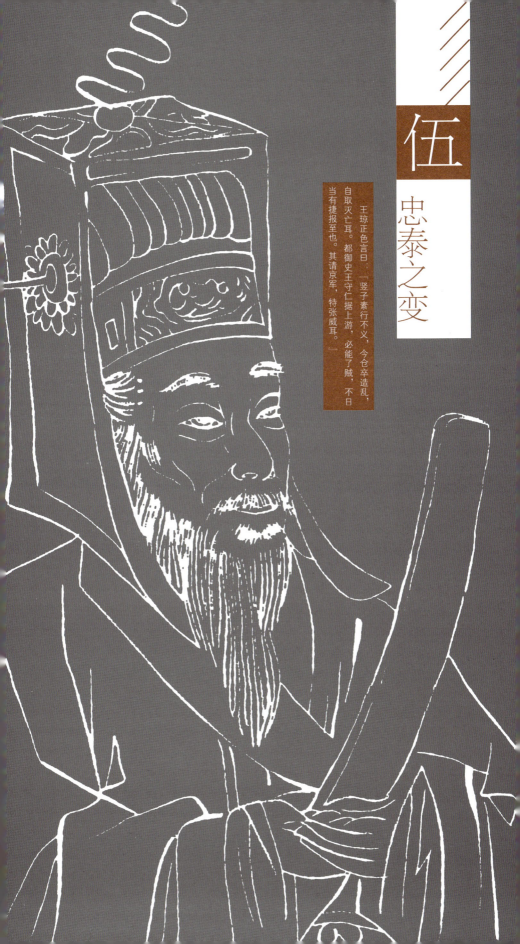

伍

忠泰之变

王琼正色言曰：「竖子素行不义，今仓卒造乱，自取灭亡耳。都御史王守仁据上游，必能了贼，不日当有捷报至也。其请京军，特张威耳。」

话分两头。却说兵部尚书王琼,见先生所上宁王反叛两次表章,疏请五府六部大臣会议于左顺门。诸臣中也有曾受宁王贿赂,与他暗通的;也有见宁王势大,怕他成事的,一个个徘徊观望,尚不敢斥言濠反。

王琼正色言曰:"竖子素行不义,今仓卒造乱,自取灭亡耳。都御史王守仁据上游,必能了贼,不日当有捷报至也。其请京军,特张威耳。"

乃顷刻覆了十三本,首请削宸濠属籍,正名为贼,布告天下。但有忠臣义士,能倡义旅,擒反贼宸濠者,封以侯爵。先将通贼逆党朱宁、臧贤拿送法司正罪。又传檄南京、两广、浙江、江西各路军马,分据要害,一齐剿杀。朝廷差安边伯许泰总督军务,充总兵官;平虏伯江彬、太监张忠、魏彬俱为提督官;左都督刘翚为总兵官;太监张永赞画机密,并体勘濠反逆事情。

兵部侍郎王宪督理粮饷,前往江西征讨。行至临清地方,闻江西有捷报，宁王已擒。许泰、江彬、张忠等耻于无功，乃密疏请御驾亲征，顺便游览南方景致。武宗皇帝大喜，遂自称为总督军务威武大将军总兵官、后军都督府太师镇国公，往江西亲征。廷臣力谏，不听，有被杖而死者。车驾遂发，大学士梁储、蒋冕扈从。

九月十一日，先生南昌起马，将宸濠一班逆党囚禁。先期遣官上疏，略云：

疏中便暗止圣驾南巡，王公用心之密如此。

逆濠睥睨神器，阴谋久蓄。招纳叛亡，探辇毂之动静，日无停迹，广置奸细。臣下之奏白，百不一通。发谋之始，逆料大驾必将亲征，先于沿途伏有奸党，为博浪、荆轲之谋。今逆不旋踵，遂已成擒。法宜解赴阙下，式昭天讨。欲令部下各官押解，恐旧所潜布乘隙窃发，或致意外之虞，臣死有余憾。况平贼献俘，国家常典，亦臣子常职。臣谨于九月十一日亲自量带官军，将濠并宫眷、逆贼、情重罪犯潜解赴阙。

先生行至常山草萍铺，闻有御驾亲征之事，大惊曰："东南民力已竭，岂堪骚扰？"

即索笔题诗于壁上，传谕次早兼程而进。

诗曰：

一战功成未足奇，

亲征消息尚堪危。

边烽西北方传警，

民力东南已尽疲。

万里秋风嘶甲马，

千山晓日渡旌旗。

小臣何事驱驰急？

欲请回銮罢六师。①

时圣驾已至淮、徐。许泰、张忠、刘翚等见先生疏到，密奏曰：

陛下御驾亲征，无贼可擒，岂不令天下人笑话？且江南之游，以何为名？今逆贼党与俱尽釜中之鱼，宜密谕王守仁释放宁王于鄱阳湖中，待御驾到，亲擒之。他日史书上传说陛下英武，也教扬名万代。

佞臣一言逢迎，不顾国家利害。如用其言，即宁贼死灰未必再燃，而将士解体尽矣。

武宗皇帝原是好顽耍的，听他邪说，果然用威武大将军牌面，遣锦衣千户追取宸濠。

先生行至严州，接了牌面。

或言："威武大将军即一今上也，牌到，与圣旨一般，礼合往迎。"

先生曰："大将军品级不过一品，文武官僚不相统属，我何迎为？"

众皆曰："不迎必得罪。"

先生曰："人子于父母乱命，不可告语，当涕泣随之，忍从谀乎？"

三司官苦苦相劝，先生不得已，令参随负敕印出，同迎以入。

以敕印抵当牌，亦一策也。

中军禀问："锦衣奉御差至此，当送何等样程仪？"

先生曰："不过五金。"

中军官曰："恐彼怒，不纳，奈何？"

先生曰："由他便了。"

锦衣千户果然大怒，麾去不受。次日，即来辞别。

先生握其手曰："下官在正德初年，下锦衣狱甚久，贵衙门官相处极多，看来未见有轻财重义如公者。昨薄物出区区鄙意，只求礼备。闻公不纳，令我惶愧。下官无他长，单只会做几篇文字，他日当为公表章其事，令后世锦衣知有公也。"

锦衣唯唯，不能出一语，竟别去。先生竟不准其牌，不把宸濠与他。锦衣星夜回报，许泰、江彬等大怒，遂造谣言，说："先生先与宁王交通，曾遣门人冀元亨往见宁王，许他借兵三千，后见事势无成，然后袭取宁王以掩己罪。"

此谤流传至今，尚有疑者，谣言可畏如此。

太监张永素知先生之忠，力为辩雪，且请先行查访。先生至杭州，张永先在，先生与永相见，永曰："泰、彬等诽谤老先生，只因先生献捷太早，阻其南行，以此不悦。"

王公免祸，全得张永之力。

先生曰："西民久遭濠毒，今经大乱，继以旱灾，困苦已极。若边军又到，责以供饷，穷迫所激，势必逃聚山谷为乱。奸党群应，土崩之势成矣。更思兴兵伐之，不亦难乎？"

张永深以为然，徐曰："本监此出，正为群小蛊惑圣听，欲于中调获，非掩功也。但皇上圣意，亦耻巡游无名。老先生但将顺天意，犹可挽回几分。苟逆之，徒激群小之怒，何救于大事？"

先生曰："老公所见甚明，下官不愿居功，情愿都让他们。容下官乞休而去，足矣。"

乃以宸濠及逆党交付张永，遂上疏乞休，屏去人从，养病于西湖之净慈寺。

张永在武宗皇帝面前备言王守仁尽心为国之忠，江西反侧未安，全赖弹压，不可听其休致自便。

诸奸捕冀元亨，付南京法司，备极拷掠，并无一语波及先生，奸谋乃沮。

忠、泰等又密奏："宁王余党尚多，臣等愿亲往南昌搜捕，以张天威。"

武宗皇帝复许之。比及先生赴南昌任，忠、泰等亦至。带令北军二万，填街塞巷。许泰、江彬、张忠坐了察院，妄自尊大。先生往拜之，泰等看坐于傍，令先生坐。先生佯为不知，将傍坐移下，自踞上坐，使泰、彬等居主位。泰、彬等且愧且怒，以语讽刺先生。先生以交际事体谕之，然后无言。

先生退，谓门人邹守益等曰："吾非争一主也，恐一屈体于彼，便当受其节制，举动不得自由耳。"

泰、彬等托言搜捕余党，扳害无辜富室，索诈贿赂，满意方释。又纵容北军占居民房，抢掠市井财物，向官府索粮要赏。或呼名谩骂，或故意冲导，欲借此生衅，与先生大闹一场，就好在皇上面前谤毁。

先生全不计较，务待以礼。预令市人移居乡村，以避其诈害，仅以老羸守家。先生自出金帛，不时慰犒北军，病者为之医药，死者为之棺殓，边军无不称颂王都堂是好人。泰、彬等怪先生买了军心，严禁北军不许受军门犒劳。先生乃传示内外：

北军离家苦楚，尔居民当敦主客之礼。百姓遇边军，皆致敬，或献酒食。

北军人人知感，不复行抢夺之事。

时十一月冬至将近，先生示谕：

百姓新遭濠乱，横死甚多，深为可悯。今冬节在迩，凡丧家俱具奠如礼，如在官人役，给假三日。

于是，居民家家上坟酹酒，哀哭之声，远近相接。北军闻之，无不思家，至于泣下，皆向本官叩头求归。分明是：

楚歌一夜起，

吹散八千兵。

张忠、许泰、刘翚等自恃北人所长在于骑射，度先生南人，决未习学。一日，托言演武，欲与先生较射。先生谦谢不能，再四强之。

先生曰："某书生，何敢与诸公较艺？诸公请先之。"

刘翚以先生果不习射矣，意气甚豪，谓许泰、张忠曰："吾等先射一回，与王老先生看。"

军士设的于一百二十步外。三人雁行叙立，张忠居中，许泰在左，刘翚在右，各逞精神施设。北军与南军分列两边，抬头望射。一个个弓弯满月，箭发流星，每一发矢，叫声"着"。一会，箭九枝都射完了。单只许泰一箭射在鹄上，张忠一箭射着鹄角，刘翚射个空回。他三个都是北人，惯习弓矢，为何不能中的？一来欺先生不善射，心满气骄了；二来立心要在千人百眼前逞能炫众，就有些患得患失之心，矜持反太过，一箭不中，便着了忙，所以中的者少。三人射毕，自觉出丑，面有愧色，说道："咱们自从跟随圣驾，久不曾操弓执矢，手指便生疏了。必要求老先生射一回赐教。"

先生复谦让，三人越发相强，务要先生试射，射而不中，自家便可掩饰其惭。先生被强不过，顾中军官取弓箭来，举手对泰、彬等曰："下官初学，休得见笑。"

先生独立在射棚之中，三位武官太监环立于傍，光着六只眼睛含笑观看。先生神闲气定，左手如托泰山，右手如抱婴儿，飕的一箭，正中红心，北军连声喝采，都道："好箭！射的准！射的准！"

泰、彬等心中已自不快了，还道："是偶然幸中。"

先生一连又发两矢，箭箭俱破的。

北军见先生三发三中，都道："咱们北边到没有恁般好箭。"

欢呼动地。

泰等便执住先生之手，说道："到是老先生久在军中，果然习熟。已见所长，不必射了。"

遂不乐而散。

是夜，刘翚私遣心腹窥探北军口气，一个个都道："王都堂做人又好，武艺又精，咱们服事得这一位老爷，也好建功立业，不枉为人一世。"

刘翚闻之，一夜不睡。次早，见许泰、张忠，曰："北军俱归附王守仁矣！奈何？"

泰、忠乃商议班师。前后杀害良民数百，皆评为逆党，取首级论功。北军离了西江省城，百姓始复归乐业。

时武宗皇帝大驾自淮阳至京口,馆于前大学士杨一清之家。泰等来见,但云逆党已尽,遂随驾渡江,驻跸南都,游览江山之胜。

三人乘间谗谤先生,说:"他专兵得众,将来必有占据江西之事。"

赖张永一力周旋,上信永言,付之不问。

泰等又遣心腹屡矫伪旨,来召先生。只要先生起马,将近南都,遂以擅离地方驾罪。先生知其伪,竟不赴。

正德十五年正月,先生尚留省城,泰等三人因侍宴武宗皇帝,言及天下太平,三人同声对曰:"只江西王守仁早晚必反,甚是可忧。"

武宗皇帝问曰:"汝谓王守仁必反,以何为验?"

三人曰:"他兵权在手,人心归向。去岁臣等带领边兵至省城,他又私恩小惠,买转军心。若非臣等速速班师,连北军多归顺他了。皇爷若不肯信,只须遣诏召之,他必不来。"

武宗皇帝果然遣诏,召先生面见。张永重先生之品,又怜先生之忠,密地遣人星夜驰报先生,尽告以三人之谋。

先生得诏,即日起马,行至芜湖。张忠闻先生之来,恐面召时有所启奏,复遣人矫旨止之。先生留芜湖半月,进退维谷,不得已,入九华山,每日端坐草庵中。一日,微服重游化城寺,至地藏洞。思念二十七岁时,于此洞见老道,共谈三教之理。今年四十九岁,不觉相隔二十二年矣。功名羁绊,不得自由,进不得面见圣上,扫除奸佞;退不得归卧林泉,专心讲学。不觉凄然长叹,取笔砚题诗一首,诗曰:

爱山日日望山晴,

　　欲见上于南京，不得入，遂游九华山。与诸
生江学曾、施宗道、陶埜及寺僧历探云峰、化城之
胜，咏赋盈壁。许泰谤先生谋反，上默不应，夜遣
亲信觇之，见游山题诗，归以实奏，乃复有巡抚江
西之命。

惡縱有乘之訪淺蓬世銅陵丹

設舡還蓬島雷路雞行次時正

未牢秦師鼓舵每如此德庚辰

鞭驅之虹爲縹獨立斜春分獻

不能動弱流萬湯首重俘還自

纂力何里不勝搔南都

丽施其苔復恐陽明山

篙我欲駕此成人書于

駕此成

人書于

恶，纵有铁船还未牢。秦鞭驱之不能动，纂力何所施其篙。我欲乘之访蓬岛，雷师鼓舵虹为缥。弱流万里不胜芥，复恐驾此成徒劳。世路难行每如此，独立斜阳首重搔。阳明山人书于铜陵舟次，时正德庚辰春分献俘还自南都。

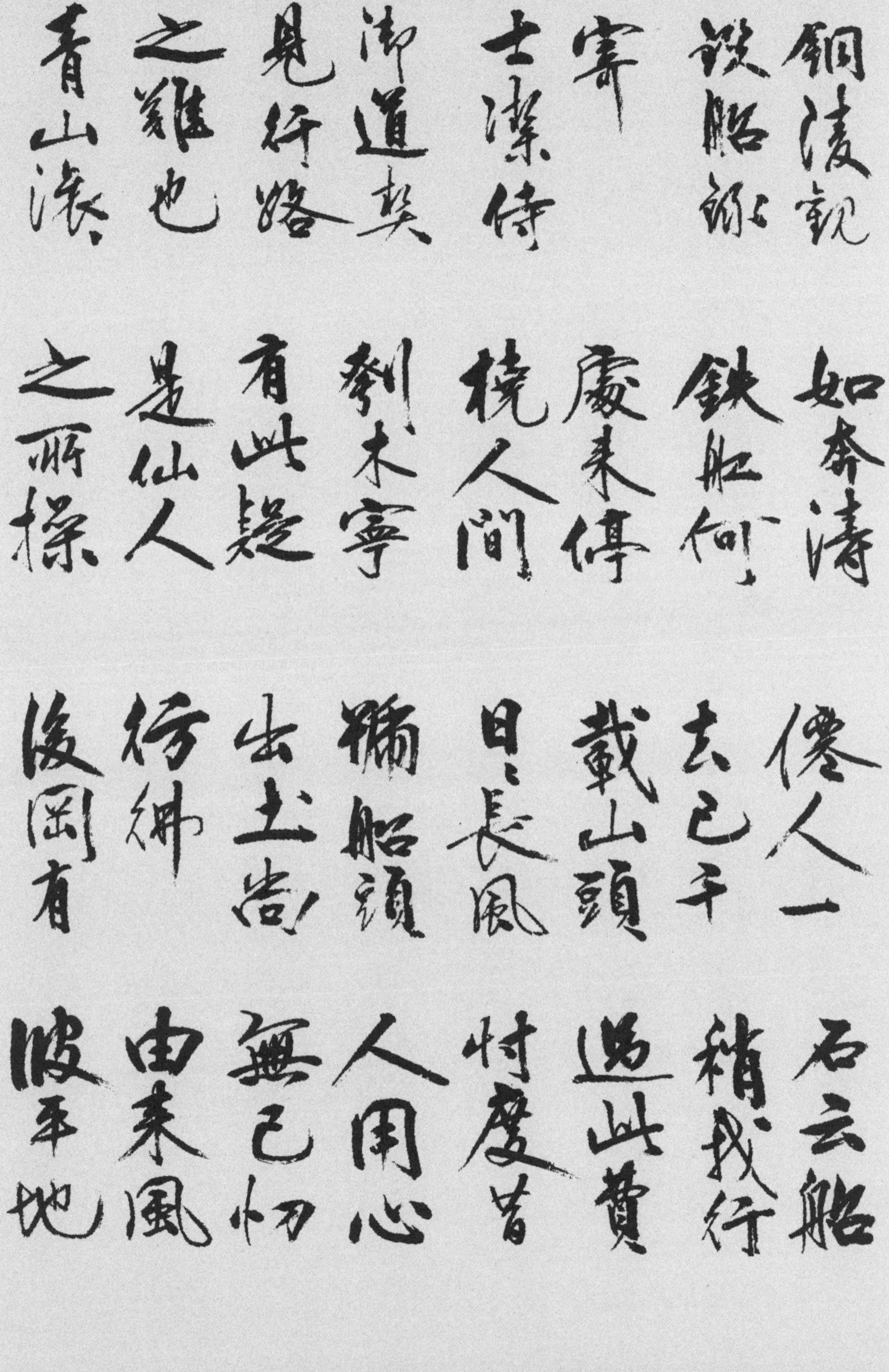

铜陵观铁船

录寄士洁侍御道
契,见行路之难
也。青山滚滚如
奔涛,铁船何处来
停桡。人间刳木
宁有此,疑是仙人
之所操。仙人一
去已千载,山头日
日长风号。船头
出土尚仿佛,后冈
有石云船稍。我
行过此费忖度,昔
人用心无已忉。
由来风波平地
人用心无已忉。

忽到山中眼自明。

鸟道渐非前度险，

龙潭更比旧时清。

会心人远空遗洞，

识面僧来不记名。

莫谓中丞喜忘世，

前途风浪苦难行。②

又见山岩中有僧危坐，问："何时到此？"

僧答曰："已三年矣。"

先生曰："吾儒学道之人，肯如此精专凝静，何患无成？"

复吟一诗云：

莫怪岩僧木石居，

吾侪真切几人如。

经营日夜身心外，

剽窃糠秕齿颊余。

俗学未堪欺老衲，

昔贤取善及陶渔。

年来奔走成何事？

此日斯人亦启予。③

张忠等既阻先生之行，反奏先生不来朝谒。武宗皇帝问于张永，永密奏曰:"王守仁已到芜湖,为彬等所拒。彼忠臣也,今闻众人争功,有谋害之意,欲弃其官入山修道。此人若去,天下忠臣更无肯为朝廷出力者矣。"

武宗皇帝感动,遂降旨,命先生兼江西巡抚,刻期速回理事。先生遂于二月还南昌,以祖母岑太夫人鞠育之恩,临终不及面诀,乃三疏请归省葬,俱不允。

六月,复还赣州。过泰和,少宰罗整庵讳钦顺,弘治癸丑榜眼。以书问学。先生告以:

学无内外。格物者,格其心之物也;正心者,正其物之心也。以理之凝聚而言,则谓之性;以其主宰而言,则谓之心;以其主宰之发动而言,则谓之意;以其发动之明觉而言,则谓之知;以其明觉之感应而言,则谓之物。故就物而言,谓之格;就知而言,谓之致;就意而言,谓之诚;就心而言,谓之正。所谓穷理以尽性,其功一也。天下无性外之理,即无性外之物。学之不明,皆由世儒认理为内,认物为外,将反观内省与讲习讨论分为两事,所以有朱、陆之岐。然陆象山之致知,未尝专事于内;朱晦庵之格物,未尝专事于外也。[4]

整庵深叹服焉。

是年秋七月,武宗皇帝尚在南都。许泰、江彬欲自献俘,以为己功。张永曰:"不可。昔未出京时,宸濠已擒。献俘北上,过玉山,渡钱塘,在杭州交割于吾手,经人耳目,岂可袭也?"

于是，用威武大将军钧帖，下于南赣，令先生重上捷音。先生乃节略前奏，尽嵌入许泰、江彬、张忠、魏彬、张永、刘翚、王宪等扈驾诸官，疏中言："逆濠不日就擒，此皆总督提督诸臣密授方略所致。"

于是，群小稍稍回嗔作喜，止将冀元亨坐濠党系狱，先生遂得无恙。后世宗皇帝登极，先生备咨刑部，为元亨辩冤。⑤科道亦交章论之。将释放，而元亨死。⑥同门陆澄、应典辈备棺盛殓。先生闻讣，为设位恸哭之。此是后话。

　　六月，按吉安，吉安乡士夫趋而会，乃宴于文
山祠。复偕金事李素及伍希儒、邹守益游青原山。
推官王晔具碑以请和黄山谷韵，亲登于石。⑦论
抗许泰等及驭边兵颠末，曰："这一段劳苦，更胜起
义师。"

注释

/// 1

《书草萍驿二首》之一,《王阳明全集》卷二十,第830页。

/// 2

《重游化城寺二首》之一,《王阳明全集》卷二十,第851页。

/// 3

《有僧坐岩中已三年诗以励吾党》,《王阳明全集》卷二十,第854页。

/// 4

"皆由世儒认理为内"原作"皆由世儒认理为外",据《王阳明全集》改。(《答罗整庵少宰书》,《王阳明全集》

卷二,第84—89页。)

/// 5

朱宸濠诬陷冀元亨,借以攻击阳明:"后宸濠既败,痛恨本职起兵攻剿,虽反噬之心无所不至,而天理公道所在,无因得遂其奸;乃以本生系本职素所爱厚之人,辄肆诋诬,谓与同谋,将以泄其仇愤。且本生既与同谋,则宸濠举叛之日,本生何故不与共事,却乃反回常德,聚徒讲学?宸濠素所同谋之人如李士实、刘养正、王春之流,宸濠曾不一及,而独口称本生与之造始,此其挟仇妄指,盖有不待辩说行道之人皆能知者。""乃今身陷俘囚,妻子奴虏,家业荡尽,宗族遭殃。信奸人之口,为叛贼泄愤报仇,此本职之所为痛心刻骨,日夜冤愤而不能自已者也。本职义当与之同死。"(《咨六部伸理冀元亨》,《王阳明全集》卷十七,第673—674页。)

/// 6

冀元亨之死令阳明十分痛心:"复有举人冀元亨者,为臣劝说宁濠,反为奸党拘陷,竟死狱中。以忠受祸,为贼报仇,抱冤赍恨,实由于臣。虽尽削臣职,移报元亨,亦无以赎此痛。此尤伤心惨目,负之于冥冥之中者。"(《辞封爵普恩赏以彰国典疏》,《王阳明全集》卷十三,第504页。)另见《仰湖广布按二司优恤冀元亨家属》,《王阳明全集》卷十七,第685页。

/// 7

《青原山次黄山谷韵》,《王阳明全集》卷二十,第858—859页。

陆

此心光明

银不能答，色动，渐将坐椅移侧。及论致知格物，遂恍然悟曰：「他人之学，饰情抗节，出于矫强；先生之学，精深极微，得之心者也。」

是年九月,先生再至南昌,檄各道院,取宸濠废地,改易市廛,以济饥代税,百姓稍得苏息。

时有泰州王银者,服古冠,执木简,写二诗为贽,以宾礼见。先生下阶迎之,银踞然上坐。

先生问:"何冠?"

曰:"有虞氏之冠。"

又问:"何服?"

曰:"老莱子之服。"

先生曰:"君学老莱乎?"

对曰:"然。"

先生曰:"君学老莱,止学其服耶,抑学其上堂诈跌为小儿啼也?"

银不能答,色动,渐将坐椅移侧。及论致知格物,遂恍然悟曰:"他人之学,饰情抗节,出于矫强;先生之学,精深极微,得之心者也。"

遂反常服,执弟子之礼。先生易其名为"艮",字曰"汝止"。①

同时，陈九川、夏良胜、万潮、欧阳德、魏良弼、李遂、裘衍日侍讲席，有洙泗杏坛之风。

是年冬，武宗皇帝自南京起驾，行至临清，将宸濠一班逆贼并正刑诛，人心大快。

正德十六年春正月，武宗皇帝还京，三月晏驾。四月，世宗皇帝登极，改元嘉靖，诛江彬、许泰、张忠、刘翚等诸奸，录先生功，降敕召之。先生以六月二十日起程，方至钱塘，科道官迎阁臣意，建言国丧多费，不宜行宴赏之事。先生复上疏，乞便道省亲。[2]得旨，升南京兵部尚书，赐蟒玉，准其归省。

九月，至余姚，拜见龙山公。公当宸濠谋逆时，有言先生助逆者，公曰："吾儿素在天理上用工夫，必不为此。"

又或传先生与孙、许同被害者，公曰："吾儿得为忠臣，吾复何忧？"

及闻先生起兵讨濠，又传言："濠怒先生，欲遣人来刺公，公宜少避。"

公笑曰："吾儿方举大义，吾为国大臣，恨年老不能荷戈同事，奈何先去以为民望乎？"怡然不变。[3]

至是相见，欢如再生。[4]

值龙山公诞日，朝廷存问适至，先生服蟒腰玉，献觞称贺。

至明旦，谓门人曰："昨日蟒玉，人谓至荣，晚来解衣就寝，依旧一身穷骨头，何曾添得分毫？乃知荣辱原不在人，人自迷耳。"

乃吟诗一首云：

百战归来白发新，

　　通天岩,濂溪公所游,至是夏良胜、邹守益、
陈九川宿岩中,肄所问,刘寅亦至。先生乘霁入,
尽历,忘归忘言。各岩和诗立就,题玉虚宫壁,命
蔡世新绘为图。

青山从此作闲人。

峰攒尚忆冲蛮阵，

云起犹疑见虏尘。

岛屿微茫沧海暮，

桃花烂熳武陵春。

而今始信还丹诀，

却笑当年识未真。⑤

先生日与亲友及门人辈宴游山水，随地指点良知，一时新及门就学者七十四人。

是年十二月，朝廷论江西功，封先生为新建伯，食禄一千石，荫封三代。⑥少时梦威宁伯王越解剑相赠，至是始验。

明年正月，先生疏辞封爵，不允。

时龙山公年七十有七，病笃在床，将属纩⑦，闻部咨已至，促先生及诸弟出迎，曰："虽仓遽，乌可以废礼？"

少顷，问："已成礼否？"

家人曰："诏书已迎至矣。"

乃瞑。

先生戒家人勿哭。加新冕服，拖绅。事毕，然后举哀，一哭顿绝，病不能胜。门人子弟纪丧，因才任使，仙居金克厚典厨，内外井井。⑧

先生以先后平贼，皆赖兵部尚书王琼从中主持，又同事诸臣多有

　　九月龙山公寿旦，适封爵使至，封公勋阶、爵邑如其子。四方缙绅、门弟子咸捧觞为寿，公蹙然曰："吾父子乃得复相见耶！仰仗宗社、神灵、朝廷威德，岂一书生所能办？逸构横行，祸机四发，赖武庙英明保全，以膺新宠。宠荣极矣，宜以盈满为戒，庶不致覆成功而毁令名。"先生跪受教。

劳绩,己何敢独居其功？再上疏辞爵,归功于琼。时宰方忌琼,并迁怒于先生。御史程启充、给事中毛玉相率论劾先生,指为邪学。

先生讲论如故。门人谦之⑨临去,先生赠诗云:

珍重江船冒暑行,

一宵心话更分明。

须从根本求生死,

莫向支离辩浊清。

久奈世儒横臆说,

竞搜物理外人情。

良知底用安排得,

此物由来是浑成。

嘉靖三年,海宁董澐,号萝石,以能诗闻于江湖。年六十八,来游会稽。闻先生讲学,戴笠携瓢,执杖来访。入门长揖上坐。先生敬异之,与语连日夜,澐言下有悟。因门人何秦请拜先生门下,先生以其年高不许。归家,与其妻织一缣以为贽,复因何秦来强。⑩先生不得已,与之倘佯山水间。澐日有所闻,欣然乐而忘归。其乡之亲友,皆来劝之还乡,曰:"翁老矣,何自苦如此？"

澐曰:"吾今方扬鬐于渤海,振羽于云霄,安能复投网罟而入樊笼乎？去矣,吾将从吾所好。"

遂自号"从吾道人"。

时郡守南大吉，先生所取士也，以座主故，拜于门下，然性豪旷不羁，不甚相信，遣弟南逢吉觇之，归，述先生讲论。如此数次，大吉乃服，始数来见，且曰："大吉临政多过失，先生何无一言？"

先生曰："过失何在？"

大吉历数某事某事。

先生曰："吾固尝言之矣。"

大吉曰："先生未尝见教也？"

先生曰："吾不言，汝何以知之？"

大吉曰："良知。"

先生笑曰："良知非我常言而何？"

大吉笑谢而去。

于是，辟稽山书院，聚八邑彦士讲学。

萧璆、杨汝荣、杨绍芳等，来自湖广；杨仕鸣、薛宗铠、黄梦星等，来自广东；王艮、周冲等，来自南直；何秦、黄弘纲⑪等，来自南赣；刘邦采、刘文敏等，来自安福；曾忭，来自泰和；魏良政、魏良器等，来自新建。宫刹卑隘，至不能容。每一发讲，环而听者，三百余人。一日，讲"君子喻义，小人喻利"章，众人俱发汗泣下。⑫邑庠生王畿与魏良器相厚，每言妨废举业，劝勿听讲。及是日闻讲，自悔失言，即日执贽为弟子。⑬

嘉靖四年，门人辈立阳明书院于越城西郭门内，光相桥之西。明年正月，邹守益以直谏谪判广德州，筑复初书院，集生徒讲学。先生为书赞之。⑭

四月，南大吉入觐，被黜，略无愠色，惟以闻道为喜，其得力于先生之熏陶者多矣。

是夏，御史聂豹巡按福建，特渡钱塘，来谒先生，听讲而去。时席书为礼部尚书，特疏荐先生。御史石金等亦交章论荐，不报。

嘉靖六年，广西田州岑猛作乱。提督都御史姚镆征之，擒猛父子。未几，其头目卢苏、王受构众复乱，攻陷思恩。镆复调四省兵征之，弗克。阁老张璁、桂萼共荐先生，起用，总督两广及江西湖广军务。先生闻命，力辞，不允，乃于九月起马，由杭、衢，历常山、南昌、吉安诸处，一路门人迎接者，动数百人，不必细说。

十一月，至梧州。先生以土官之叛皆由流官揿克所致，乃下令尽撤调集防守之兵，使人招卢苏、王受，喻以祸福。二人见守兵尽撤，遂自缚谢罪。先生杖而释之，抚定其众，凡七万余人。不动声色，一境悉平。⑮

时八寨、断藤峡等处，自韩都堂雍平定以后，至是，复据险作乱。先生因湖广归师之便，密授方略，令袭之。卢苏、王受请出兵饷，当先效力。三月之间，斩首三千余级，扫荡其巢而还。朝中当事大臣犹以先生擅兵讨贼为罪，赖学士霍韬力诵其功，乃得免议，止以招抚思、田之功，颁赐奖赏。⑯

先生一日谒伏波将军庙，庙在梧州。拜其像，叹曰："吾十五岁梦谒马伏波，今日所见，宛如梦中。人生出处，岂偶然哉？"

因赋诗云：

　　遂亲至南宁府，尽撤调集防守之兵数万，惟
留湖兵数千，分南宁、宾州解甲修养。二酋闻之，
以正月七日遣头目赴军门，愿扫境投生。下牌省
谕，申以圣天子威德。二酋且惧其喜，撤守备，具
衣粮，卢苏以众五万，王受以众三万，于二十六日
至南宁。次日，囚首自缚，又与头目数百号哀投诉。
复申牌谕："宥尔一死，各于军门杖一百。"众叩首
请命。乃解其缚，谕以："宥一死者，朝廷、天地好
生之仁；杖一百者，我等人臣执法之义。"皆叩首
悦服。

四十年前梦里诗，

此行天定岂人为？

徂征敢倚风云阵，

所过须同时雨师。

尚喜远人知向望，

却惭无术救疮痍。

从来胜算归廊庙，

耻说兵戈定四夷。⑰

先生大兴思、田学较，广西士民始知有理学。⑱

十月，先生以积劳成疾，病剧，上疏乞休。不候旨，遂发。⑲布政使王大用亦先生门人，备美材以随。十一月廿五日，逾梅岭，至南安登舟。⑳南安府推官、门人周积来见。先生犹起坐，咳喘不已，犹以进学相勉。

廿八日晚，泊船，问："何地？"

侍者对曰："青龙铺。"

明日，召周积至船中，积拱俟良久。

先生开目视曰："吾去矣。"

积泣下，问："有何遗言？"

先生笑曰："此心光明，复何言哉？"

少顷，瞑目而逝。时廿九日也，享年五十七岁。㉑

　　九月初八日，行人冯恩赍敕奖励，赏金帛羊
酒，有开诚宣恩，处置得宜，叛夷畏，率归众降，罢
兵息民之褒。因具奏谢恩，恳求养疾。自梧道广，
待命于韶、雄之间。力疾答聂文蔚，论勿忘勿助
宗旨。十一月二十九日，薨于南安之青龙铺。

南赣兵备、门人张思聪进迎于南野驿，用王布政所赠美材制棺，周积就驿中堂沐浴，衾殓如礼。明日为十二月朔，安成门人刘邦采适至，同官属师生设奠入棺。初四日，舆衬登舟，士民远近遮道，哭声震地，如丧考妣。舟过地方，门生故吏连路设祭哭拜。

将发南昌，东风大逆，舟不能行。

门人赵渊祝于枢前曰："先生岂为南昌士民留耶？越中子弟门人相候已久矣。"

祝毕，忽变西风，舟人莫不惊异。㉒

门人王畿等数人以会试起身，闻先生讣音，还舟执丧。

二月，抵家。子弟门人辈奉枢于中堂，遂饰丧纪。妇人哭于门内，孝子及亲族子弟哭于幕外，门人哭于门外。每日，四方门人来者百余人。

十一月，葬横溪，先生所自择地也。先是，前溪水入怀，与左溪会，冲啮右麓，术者心嫌，欲弃之。有山翁梦见一神人，绯袍玉带，㉓立于溪上，曰："吾欲还水故道。"

明日，雷雨大作，溪水泛溢，忽从南岸而行，明堂周阔数百丈，遂定穴。门人李珙等更番筑治，昼夜不息，月余墓成。会葬者数千人，门人中有自初丧迄葬不归者，即孔门弟子之怀师，亦不是过矣。御史聂豹原未拜门下，及闻讣之后，遣吊奠，亦称门人。盖素佩先生之训，中心悦而诚服也。

后十二年，浙江巡按御史周汝贞，亦先生门人，为建祠于阳明书院之楼前，扁曰"阳明先生祠"。各处书院俱立先生牌位，朝夕瞻礼，比

　　八年己丑正月，先生丧过江西，有司分道而
迎。储御史良材、赵提学渊哭之哀，或问之，曰：
"吾岂徒为乃公哭耶？"士民哭声载道。钱德
洪、王畿赴廷试，闻变，迎至广信。为疏赴同志。
十一月二十九日，四方学者会葬于山阴兰亭之紫
洪山。㉔

于仲尼。今子孙世世袭爵为新建伯不绝。

先生幼时常言："一代状元不为希罕。"又言："须作圣贤，方是人间第一流！"斯言岂妄发哉！

先生殁后，忌其功者或斥为伪学，久而论定。至今道学先生尊奉阳明良知之说，圣学赖以大明，公议从祀圣庙。^㉕后学有诗云：

> 三言妙诀致良知，
>
> 孔孟真传不用疑。
>
> 今日讲坛如聚讼，
>
> 惜无新建作明师。

又，髯翁有诗云：

> 平蛮定乱奏奇功，
>
> 只在先生掌握中。
>
> 堪笑伪儒无用处，
>
> 一张利口快如风。

注 释

/// 1

王艮是泰州学派的开创者，"阳明先生之学，有泰州、龙溪而风行天下，亦因泰州、龙溪而渐失其传。"（《明儒学案》卷三十二，《黄宗羲全集》第7册，第820页。）泰州学派、浙中王门最能鼓舞人心、传播最快，但衰落也最快。

阳明收王艮是阳明学发展过程中的重要事件。据《明儒学案》："王艮字汝止，号心斋，泰州之安丰场人。""先生虽不得专功于学，然默默参究，以经证悟，以悟释经，历有年所，人莫能窥其际也。一夕梦天堕压身，万人奔号求救，先生举臂起之，视其日月星辰失次，复手整之。觉而汗溢如雨，心体洞彻。记曰：正德六年间，居仁三月半。自此行住语默皆在觉中，乃按《礼经》制五常冠、深衣、大带、笏板，服之。曰：'言尧之言，行尧之行，而不服尧之服，可乎？'时阳明巡抚江西，讲良知之学。大江之南，学者翕然信从，顾先生僻处，未之闻也。有黄文刚者，吉安人，而寓泰州，闻先生论，诧曰：'此绝类王巡抚之谈学也。'先生喜曰：'有是哉！虽然，王公论良知，艮谈格物，如其同也，是天以王公与天下后世也；如其异也，是天以艮与王公也。'即日启行，以古服进见，至中门，举笏而立。阳明出迎于门外。始入，先生据上坐，辩难久之，稍心折，移其坐于侧。论毕，乃叹曰：'简易直截，艮不及也。'下拜自称弟子。退而绎所闻，间有不合，悔曰：'吾轻易矣。'明日入见，且告之悔。阳明曰：'善哉！子之不轻信从也。'先生复上坐，辩难久之，始大服，遂为弟子如初。阳明谓门人曰：'向者吾擒宸濠，一无所动，今却为斯人动矣！'"（《明儒学案》卷三十二，《黄宗羲全集》第7册，第828—829页。）

/// 2

《乞便道归省疏》，《王阳明全集》卷十三，第501—502页。

/// 3

据陆深《海日先生行状》：先生素闻宁濠之恶，疑其乱，尝私谓所亲曰："异时天下之祸，必自兹人始矣。"令家人卜地于上虞之龙溪，使其族人之居溪傍者买田筑室，潜为栖遁之计。至是正德己卯，宁濠果发兵为变。远近传闻骇愕，且谓新建公亦以遇害，尽室惊惶，请徙龙溪。先生曰："吾往岁为龙溪之卜，以有老母在耳。今老母已入土，使吾儿果不幸遇害，吾何所逃于天地乎？"饬家人勿轻语动。已而新建起兵之檄至，亲朋皆来贺，益劝先生宜速逃龙溪。咸谓新建既与濠为敌，其势必阴使奸人来不利于公。先生笑曰："吾儿能弃家杀贼，吾乃独先去以为民望乎？祖宗德泽在天下，必不使残贼覆乱宗国，行见其败也。吾为国大臣，恨已老，不能荷戈首敌。倘不幸胜负之算不可期，犹将与乡里子弟共死此城耳。"因使趣郡县宜急调兵粮，且禁讹言，勿令摇动。乡人来窃视先生，方晏然如平居，亦皆稍稍复定。不旬月，新建捷至，果如先生所料。亲朋皆携酒交庆。先生曰："此祖宗深仁厚泽，渐渍人心，纪纲法度，维持周密，朝廷威灵，震慑四海，苍生不当罹此荼毒。故旬月之间，罪人斯得，皆天意也。岂吾一书生所能办此哉？然吾以垂尽之年，幸免委填沟壑；家门无夷戮之惨；乡里子弟又皆得免于征输调发；吾儿幸全首领，父子相见有日；凡此皆足以稍慰目前者也。"诸亲友咸喜，极饮尽欢而罢。(《王阳明全集》卷三十八，第1551—1552页。)

/// 4

据《乞便道归省疏》："顾臣父既老且病，顷遭谗构之厄，危疑震恐，汹汹朝夕，常有父子不及相见之痛。今幸脱洗殃咎，复睹天日，父子之情固思一见颜面，以叙其悲惨离隔之怀，以尽菽水欢欣之乐。"(《王阳明全集》卷十三，第501—502页。)

/// 5

《归兴二首》之一,《王阳明全集》卷二十,第863—
864页。

/// 6

得旨:"江西反贼剿平,地方安定,各该官员功绩显著,
你部里既会官集议,分别等第明白,王守仁封伯爵,给
与诰券,子孙世世承袭,照旧参赞机务,钦此。""王守
仁封新建伯,奉天翊卫推诚宣力守正文臣,特进光禄大
夫柱国,还兼南京兵部尚书,照旧参赞机务,岁支禄米
一千石,三代并妻一体追封,钦此。"(《辞封爵普恩赏
以彰国典疏》,《王阳明全集》卷十三,第503页。)

/// 7

"属纩",丧礼,代指"临终"。据《礼记·丧大记》:"属
纩以俟绝气。"郑玄注:"纩,今之新绵,易动摇,置口鼻
之上以为候。"(《礼记注疏》卷四十四。)

/// 8

金克厚为浙江台州仙居人,温雅忠厚。据《年谱》:"门
人子弟纪丧,因才任使。以仙居金克厚谨恪,使监厨。
克厚出纳品物惟谨,有不慎者追还之,内外井井。"金克
厚与钱德洪同贡于乡,连举进士,谓洪曰:"吾学得司厨
而大益,且私之以取科第。先生尝谓学必操事而后实,
诚至教也。"(《王阳明全集》卷三十五,第1418页。)

/// 9

"谦之",原作"尚谦",误。阳明弟子中,薛侃,字尚谦,广东揭阳人,为闽粤王门之代表人物;邹守益,字谦之,江西安福人,为江右王门的领袖。此下所引诗乃阳明为邹守益所作,见《次谦之韵》,《王阳明全集》卷二十,第864页。

/// 10

何秦为阳明的重要弟子。时人语阳明弟子"江有何、黄,浙有钱、王"。(《江右王门学案四》,《明儒学案》卷十九,《黄宗羲全集》第7册,第521页。)何、黄指何秦与黄弘纲,属江右王门;钱、王指钱德洪与王畿,属浙中王门,钱德洪与王畿二人于天泉桥向阳明请教四有、四无的问道,史称天泉问道。

/// 11

"黄弘纲",原作"黄竹纲",误。

/// 12

《论语·里仁》:"子曰:'君子喻于义,小人喻于利。'"

/// 13

王畿即王龙溪,是浙中王门的领军人物。据《明儒学案》:魏良器,字师颜,号药湖。洪都从学之后,随阳明至越。时龙溪为诸生,落魄不羁,每见方巾中衣往来讲学者窃骂之。居与阳明邻,不见也。先生多方诱之。一日,先生与同门友投壶雅歌,龙溪过而见之,曰:"腐儒亦为是耶!"先生答曰:"吾等为学,未尝担板,汝自不知耳。"龙溪于是稍相泥昵就,已而有味乎其言,遂北面阳明。绪山临事多滞,则戒之曰:"心何不洒脱?"龙溪工夫懒散,则戒之曰:"心何不严慄?"其不为姑息如此。……龙溪与先生最称莫逆,然龙溪之玄远,不如先生之浅近也。(《明儒学案》卷十九,《黄宗羲全集》第7册,第535—536页。)

/// 14

"复初书院",原作"复古书院",误。据邹守益《广德州新修复初书院记》:"嘉靖丙戌秋七月,新作复初书院成。""若知复初之义乎?天地之中,而民实受之。"《六经》、圣人之学的主旨在于复元气,复天地之中。(《邹守益集》卷六,凤凰出版社,2007年,第315—317页。)另据《复初书院讲章》:"书院告成,以复初为第一义。"(《邹守益集》卷十五,第722页。)阳明赞之曰:"书院记文,整严精确,迥尔不群,皆是直写胸中实见,一洗近儒影响雕饰之习,不徒作矣。"(《寄邹谦之》,《王阳明全集》卷六,第228页。)

/// 15

据《田石谣》:"阳明先生既平田州之乱。先是,田州有一巨石,谓之田石,侧卧江浒。旧有童谣云:'田石倾,

田州兵。田石平，田州宁。'岑猛闻而恶之，乃夜遣人平
之。明复如故。如是再三，终欹侧也。自先生定乱之
后，此石平矣。先生自往观之，命洗剔苔秽，见有古刻
'新建伯'三大字于其上，亦异矣。先生遂续加九字，并
刻之云：'嘉靖岁戊子春，新建伯王守仁。'因奏改为田
宁府云。"（董毂《碧里杂存》，第14—15页。）

/// 16

霍韬认为阳明破八寨、断藤峡有八善，但是成功后也遭
遇了类似擒宸濠一样的不公正待遇：

"臣等是以叹服王守仁能体陛下之仁，以怀绥田州、思
恩向化之民；又能体陛下之义，以讨服八寨、断藤峡梗
化之贼也。仁义之用，两得之也。

谨按王守仁之成功有八善焉：乘湖兵归路之便，则兵不
调而自集，一也。因田州、思恩效命之助，则劳而不怨，
二也。机出意外，贼不及遁，所诛者真，积年渠恶，非往
年滥杀报功者比，三也。因归师讨逆贼，无粮运之费，
四也。不役民兵，不募民马，一举成功，民不知扰，五
也。平八寨，平断藤峡，则极恶者先诛，其细小巢穴可
渐施德化，使去贼从良，得抚剿之宜，六也。八寨不平，
则西而柳、庆，东而罗旁、绿水、新宁、恩平之贼合数千
里，共为窟穴，虽调兵数十万，费粮数百万，未易平伏。
今八寨平定，则诸贼可以渐次抚剿，两广良民可渐安生
业，纾圣明南顾之忧，七也。韩雍虽平断藤峡贼矣，旋
复有贼者，实当尔时未及区画其地，为经久图，俾余贼
复据为巢穴故也。今五十年生聚，则贼复炽盛也亦宜。

若八寨乃百六十年所不能诛之剧贼,山川天险尤难为功,今守仁既平其巢窟,即徙建城邑以镇定之,则恶贼失险,后日固不能为变,逋贼来归,不日且化为良民矣。诛恶绥良,得民父母之体,八也。"

"先是正德十四年,宸濠谋反江西,两司俯首从贼,惟王守仁同御史伍希儒、谢源誓心效忠。不幸奸臣张忠、许泰等欲掩王守仁之功以为己有,乃扬诸人曰:'王守仁初同贼谋。'及公论难掩,乃又曰:'宸濠金帛俱王守仁、伍希儒、谢源满载以去。'当时大学士杨廷和、尚书乔宇,亦忌王守仁之功,遂不与辨白而黜伍希儒、谢源,俾落仕籍。王守仁不辨之谤,至今未雪,可谓黯哑之冤矣。"(《地方疏》,《王阳明全集》卷三十九,第1623—1625页。)

/// 17

《谒伏波庙二首》之一,《王阳明全集》卷二十,第878页。

/// 18

较,同"校"。据《处置平复地方以图久安疏》:"田州新服,用夏变夷,宜有学校。但疮痍逃窜之余,尚无受廛之民,焉有入学之士。况斋膳廪饩,俱无所出,即欲建学,亦为徒劳。然风化之原,终不可缓。臣等议欲于附近府州县学教官之内,令提学官选委一员,暂领田州学事,听各学生徒之愿改田州府学及各处儒生之愿来田州附籍入学者,皆令寄名其间。所委教官,时至其地相与讲肄游息,或于民间兴起孝弟,或倡远近举行乡约,随事开引,渐为之兆。俟休养生息一二年后,流移尽归,商旅凑集,民居已觉既庶,财力渐有可为,则如学校及阴阳医学之类,典制之所宜备者,皆听该府官以次举行上请,然后为之设官定制。如此,则施为有渐而民不知扰,似亦招徕填实之道,鼓舞作新之机也。均乞圣明裁处。"(《王阳明全集》卷十四,第545页。)

/// 19

据嘉靖戊子(1528)阳明在信中所言:"自入广来,精神顿衰。虽因病患侵凌,水土不服,要亦中年以后之人,其势亦自然至此,以是怀归之念日切。诚恐坐废日月,上无益于国家,下无以发明此学,竟成虚度此生耳,奈何奈何!"(《与黄宗贤》第五书,《王阳明全集》卷二十一,第917页。)

/// 20

有一则关于阳明的传说,所对应的即是此时此地。明人魏浚(1553—1625,万历三十二年进士)所著的《峤南琐记》载:"王伯安平思、田、八寨,即乞病归。至南安,小憩一佛寺。寺有靖室,乃前老僧示寂处。老僧化时戒其徒岁加封识,不许开户,伯安固强开之。中有书云:'五十七年王守仁,启吾钥,拂吾尘,问公欲识前程事,开门即是闭门人。'伯安愕然,数日遂卒。"(魏浚:《峤南琐记》卷下,收入《四库存目丛书·子部》第243册,第558页。)蒋一葵(万历二十二年举人)所记与此稍有差异:"王阳明尝游僧寺,见一室封锁甚密,欲开视之，寺僧不可，云：'中有入定僧，闭门五十年矣。'阳明固开视之，见龛中坐一僧，俨然如生，貌酷肖己。先生曰：'此岂吾之前身乎？'既而见壁间一诗云：'五十年前王守仁，开门原是闭门人。精灵剥后还归复，始信禅门不坏身。'先生怅然久之，建塔以瘗而去。"（蒋一葵：《尧山堂外纪》卷九十《国朝》，收入《续修四库全书·子部》第1195册，第116页。）明末遗民张怡所著《玉光剑气集》卷三十《杂记》所载与此基本相同，其后又云"此事载阳明本传，徐华亭删去，为从祀计也"。按，徐华亭即徐阶，松江华亭人，受业于聂豹，官至大学士，有力推动了阳明学的兴盛。从祀，指奏请以王阳明等从祀孔庙事。

/// 21

据黄绾《阳明先生行状》，"十月初十日，复上疏乞骸骨，就医养病。因荐林富自代。又一月，乃班师。至大庾岭，谓布政使王公大用曰：'尔知孔明之所以付托姜维乎？'大用遂领兵拥护，为敦匠事。廿九日至南康县，将属纩，家童问何所嘱。公曰：'他无所念，平生学问方才见得数分，未能与吾党共成之，为可恨耳！'遂逝。"（《王阳明全集》卷三十八，第1579页。）

/// 22

王阳明去世后，"江西男妇皆缟衣匍匐，攀舟而号"。"特是部使丧归，例有赠恤，而前不予祭，后不予葬。詹事黄绾上言：'守仁在前朝颇效微功，今平蛮甫竣，舆疾办事，而客死道路，妻孥孱弱，（子三岁。）家僮载骨，藁葬空山，鬼神有知，亦无不忍。'少师徐阶尝为江西督学使，深知公冤，有云：'以死勤事，则祀之。今勤事之人以尸归国，而不令所司奠一杯，尚望祀乎？'"（毛奇龄《王文成传本》卷二，第12—13页。）其中黄绾上疏为《明是非定赏罚疏》，"家僮载骨"后为"藁殡空山，见者为之流涕，闻者为之酸心。若使鬼神有知，亦当为之夜哭矣。"（《黄绾集》卷三十二，上海古籍出版社，2014年，第628页。）

/// 23

"绯袍玉带"神人与王阳明出生时岑夫人梦"衣绯腰玉"神人呼应。

/// 24

据《年谱》，十一月十一日葬先生于洪溪。（《王阳明全集》，第1466页。）

/// 25

据《明通鉴》卷六十八："万历十二年（1584），诏以陈献章、胡居仁、王守仁从祀孔庙。大学士申时行等言：'守仁言致知出于《大学》，良知出于《孟子》，陈献章言主静，则为沿袭宋儒周敦颐、程颐。且孝弟出处如献章，文章功业如守仁，纯言笃行如胡居仁，故三人并宜从祀。'从之，乃以三人并从祀两庑，列于薛瑄之次。"（夏燮《明通鉴》，岳麓书社，1999年，第2418页。）

附录一

三教偶拈叙

／ 冯梦龙

……仙人，于是鼎湖瑶池神其说，蓬莱方壶侈其胜，安期羡门异其人，咒禁符水岐其术。要之，方外别是一种，与道无与。故刘歆《七略》以道家为诸子，神仙为方技，良有以尔。迨李少君、寇谦之之辈，务为迂怪附会，以干人主之泽，而神仙与道合为一家，遂与儒教绝不相似。此道与儒分合之大略也。

若夫佛乃胡神，西荒所奉。相传秦时，沙门利室房入朝，始皇囚之，有金人穿牖而去。至汉明帝时，金人入梦，遣使请经四十二章于西域，而佛之名始闻。浸假而琳宫创于孙吴，法藏广于符秦，忏科备于萧梁，释教乃大行，而俨然与儒、道鼎立为三，甚且掩而上之。此三教始终之大略也。

是三教者，互相讥而莫能相废。吾谓得其意皆可以治世，而袭其迹皆不免于误世。舜之被衿鼓琴,清净无为之旨也;禹之胼手胝足,慈悲徇物之仁也。谓舜禹为儒可,即谓舜禹为仙、为佛,亦胡不可?而儒者乃谓汉武惑于仙而衰,梁武惑于佛而亡,不知二武之惑正在不通仙佛之教耳。汉武而真能学仙,则必清净无为,而安有算商车、征匈奴之事?梁武而真能学佛,则必慈悲徇物,而安有筑长堰、贪河南之事?宋之崇儒讲学,远过汉唐,而头巾习气刺于骨髓,国家元气日以耗削。试问航海而犹讲《大学》,与戎服而讲《老子》《仁王经》者,其蔽何异?则又安得以此而嗤彼哉!余于三教概未有得,然终不敢有所去取其间。于释教,吾取其慈悲;于道教,吾取其清净;于儒教,吾取其平实。所谓得其意皆可以治世者,此也。

偶阅《王文成公年谱》,窃叹谓文事武备,儒家第一流人物,暇日演为小传,使天下之学儒者,知学问必如文成,方为有用。因思向有济颠、旌阳小说,合之而三教备焉。夫释如济颠,道如旌阳,儒者未或过之,又安得以此而废彼也?

东吴畸人七乐生撰

(录自中华书局1990年影印《古本小说丛刊》第四辑,原缺一页。)

附录二

王阳明先生图谱序 ／ 王宗沐

　　昔者孔子之没也，游、夏门人以有若貌似孔子，欲以所事孔子事之，而曾子独以为不可，曰："江汉以濯之，秋阳以暴之，皜皜乎不可尚已。"盖深言之也。本体之在人，流贯圆莹，昭明灵变，所谓建于天地而彻于古今者，一刻未尝息，一毫不可污，其斯以为皜皜也。孔子之所以为孔子，全是而已。如徒以貌也，则途之人有肖者焉。至语其精心，则不极于皜皜者，不可以语精，而况于形乎？心无似者也。曾子之称孔子也，不道其绥来动和之所为用，而指其光辉洁白之所以妙。盖自颜子而后，惟曾子得其深，此曾子、游、夏之辩也。虽然，余尝思之矣，曾子盖亦有未尽者，三千笃信，沦浃肌髓，一旦泰山颓坏，众志茕然，如孺子之丧慈母，无所依归，其学不皆曾子，苟一有所存焉，亦足以收其将散之心，而植其未废之教。故余尝谓项氏梁、藉之强，用兵如神，业已破秦，乃从民间求牧竖怀王立之，彼安所资哉？楚人思故主，从其心而立之。怀王不足以兴楚，而足以系楚，系则由以兴。游夏之意，何以异此？

　　阳明王先生天挺间出，少志圣贤，出入二氏，晚悟正脉，的然以良知为入门，盖有见于皜皜者。故自髫年以比白首，凡所作用，以其学取力焉。忠挠权孽，志坚拂抑，崎岖甲兵以及临民处变，染翰吐词，靡不精解融彻，而功业、理学盖宇宙百世师矣。当时及门之士，相与依据尊信，不啻三千之徒。今没才三十年，学亦稍稍失指趣。高弟安成东廓邹公辈相与绘图勒石，取先生平生经历之所及，与功用之大，谱而载焉。嗟夫！皜皜之体，人人同具，先生悟而用之，则凡后之求先生者，于心足矣。而公犹为是，非独思其师，亦以著教也，所谓系而待其兴焉者也。据其渐，则觉其进；考其终，则见其成。而其中之备尝辛苦艰难，仅得悟于百死一生之际者，学之道良在于兹，而独载其事耶？

余少慕先生，十四岁游会稽，而先生已没。两官先生旧游之地，凡事先生者皆问而得概焉，然不若披图而溯之为尤详也。以余之尤有待于是，则后世可知，而邹公之意远矣。公遣金生应□来请余序，为道曾子之未尽者，以明公旨焉。

时嘉靖丁巳冬十有一月长至

赐进士出身中顺大夫江西按察司副使奉敕再提督学政

临海后学王宗沐书

（录自1941年影印本《王阳明先生图谱》，漫漶不清处据明万历刻本《敬所王先生文集》卷一《阳明先生图谱序》校补，版刻错误依校本径改。）

图书在版编目（CIP）数据

王阳明图传 /（明）冯梦龙，（明）邹守益原著；张
昭炜编注. —上海：上海古籍出版社，2017.6
  ISBN 978-7-5325-8407-9

  Ⅰ.① 王… Ⅱ.① 冯… ② 邹… ③ 张 Ⅲ.① 王守仁
（1472-1528）-传记-画册 Ⅳ.①B248.2-64

中国版本图书馆 CIP 数据核字（2017）第 067154 号

王阳明图传

［明］冯梦龙　邹守益　原著

张昭炜　编注

上海世纪出版股份有限公司 出版
上 海 古 籍 出 版 社
（上海瑞金二路 272 号　邮政编码 200020）
（1）网址：www.guji.com.cn
（2）E-mail：gujil@guji.com.cn
（3）易文网网址：www.ewen.co
上海世纪出版股份有限公司发行中心发行经销
上海丽佳制版印刷有限公司
开本 787×1092　1/16　印张 16　插页 2　字数 168,000
2017 年 6 月第 1 版　2017 年 6 月第 1 次印刷
印数：1—4,300
ISBN 978-7-5325-8407-9

B.996　定价：76.00 元
如发生质量问题，请与承印公司联系